A PAIXÃO DO SUJEITO FREUDIANO

BERNARD PENOT

A PAIXÃO DO SUJEITO FREUDIANO

Entre pulsionalidade e significância

TRADUÇÃO
Sandra Regina Felgueiras

EDITOR
José Nazar

Companhia de Freud
editora

Título Original
La passion du sujet freudien
Entre pulsionnalité et signifiance

Capa
Victoria Rabello sobre A criação de Adão, *de Michelangelo*
[detalhe do teto da Capela Sistina]

Editoração Eletrônica
Victoria Rabello

Tradução
Sandra Regina Felgueiras

Editor Responsável
José Nazár

Rio de Janeiro, 2005

FICHA CATALOGRÁFICA

P465p

Penot, Bernard.
[La passion du sujet freudien. Português]
A paixão do sujeito freudiano : entre pulsionalidade e significância / Bernard Penot ; tradução: Sandra Regina Felgueiras; editor: José Nazar. – Rio de Janeiro: Companhia de Freud, 2005.

192 p.; 23cm.

ISBN 85-85717-95-5

1. Psicanálise. 2. Ego (Psicologia). 3. Sujeito (Filosofia). 4. Psicoterapeutas e pacientes. I. Nazar, José. II. Título.

CDD-150.195

Companhia de Freud
editora

Endereço para Correspondência
Rua Barão de Sertório, 57 – 6º andar
Tel.: (21) 2293-7166
Rio Comprido – Rio de Janeiro
Cep 20.261-050
e-mail: ciadefreud@ism.com.br

A Béatrice,
que tão bem me confirmou
a realidade do circuito pulsional.

À equipe do Cerep-Montsouris,
que foi um parceiro decisivo
na experiência clínica que funda este trabalho.

Índice

Introdução 9

1. O circuito pulsional gerador da função sujeito 23

2. Pulsionalidade oral e assujeitamento 37

3. "Uma criança é espancada" –
os três tempos da subjetivação da fantasia 47

4. As infelicidades de Sophie ou o *mau sujeito* a advir 57

5. Adolescência do sujeito freudiano 65

6. Foraclusão significante e sujeito em sofrimento 81

7. Significante falo e subjetivação sexual 97

8. Sublimação, latência e subjetivação 111

9. Sujeito(s) pulsional(ais) inopinado(s) em sessão 137

10. Os tempos lógicos da subjetivação 155

Bibliografia 175

Índice de conceitos e nomes próprios 181

Introdução

"Não foi apenas com uma única tirada que Freud prosseguiu o caminho cujas balizas nos legou. Pode ser também que estejamos, pelo efeito dos rodeios de Freud, agarrados a um certo ponto da evolução de seu pensamento, sem termos muito bem podido nos dar conta da contingência que ele apresenta, como todo efeito da história humana".
(J. Lacan, Le Séminaire, *L'Éthique de la psychanalyse*, 1959-1960, p. 106; tradução brasileira, p. 112)

A condição do sujeito humano lhe impõe adquirir sua existência ao preço de uma verdadeira *paixão*. Mas o que pode existir de mais apaixonante que esse ser ambíguo, em busca incessante de equilíbrio no cruzamento das linhas de força entre natureza e cultura?

O encaminhamento psicanalítico, desde sua partida dada por Freud há cem anos, não parou de colocar como um fato de estrutura essa posição precária da subjetividade humana. Ele a concebe como descentrada e mesmo fragmentada entre lógicas diferentes que emanam de instâncias constitutivas do aparelho psíquico. Tanto através de uma como de outra das *tópicas* concebidas por Freud, o que se acha colocado como fundamental é que o aparelho psíquico é constituído de uma *heterogeneidade estrutural*, feita de sistemas diferentes, estranhos um ao outro, em suma – a ponto de que o que pode ser prazer para um ser desprazer para o outro.

O que Freud nomeia como *inconsciente* em sua primeira tópica sem dúvida constitui uma espécie de *alhures* no foro interior de cada ser humano, um estranho íntimo de onde emanam essas mensagens que o psicanalista se empenha em decriptar através dos sonhos, dos atos falhos, dos sintomas... O sistema psíquico dito *Inconsciente* encontra neles seu modo de expressão próprio, segundo regras diferentes daquelas do pensamento consciente. O trabalho do sonho, por exemplo, organiza as "representações-coisas" segundo o princípio de contigüidade, de condensação, de não-contradição, pelo qual Freud caracteriza o *processo primário de pensamento* – de modo que precisamos decifrar esses dados indicativos como faríamos com signos figurativos (falou-se de ideogramas, de rébus) de uma outra língua.

Sem dúvida em eco com o célebre mito platônico da caverna, Freud, em sua *Interpretação dos sonhos* (1900), diz dos *complexos inconscientes* que atuam em "uma outra cena" que aquela de nossa vida psíquica de vigília.

Desse heterogêneo estrutural no ser humano as tópicas freudianas do aparelho psíquico propõem modelizações das quais não resulta uma nova psicologia, mas, sem dúvida, como Freud insiste, uma *meta-psicologia*.

Um alhures dentro

A preposição *meta* vem aqui designar uma concepção descentrada da psique, em ruptura com as psicologias egocentradas que prevaleceram até então. Notadamente, vê-se que é o mesmo prefixo *meta* que intervém no termo grego *meteco* para lhe fazer significar algo como um "alhures-na-casa" (*met'oikos*). De modo que não é exagerado caracterizar o inconsciente freudiano como uma espécie de meteco no foro interior de cada um – formulação talvez ousada, mas que encontra, no essencial, o que Jean-Luc Donnet (1995) descreveu tão bem como "operação meta".

Essa revolução meta-psicológica de Freud não pára, no entanto, de ferir o amor-próprio do homem, ao atacar a imagem narcísica egocentrada que o homem se compraz em ter de si mesmo. Até hoje ele nutre contra a psicanálise uma *resistência* fundamental e sempre reativada – por um lado, da parte de meios que se querem "científicos", sobretudo, ai de mim, no campo da medicina, que se aferram, a esse título, a desacreditar o objeto precisamente *subjetivo* da pesquisa psicanalítica; por outro, de uma certa filosofia que rejeita a precariedade de uma condição subjetiva submetida ao determinismo inconsciente. Mais insidiosamente, na nossa época que se quer "pós-freudiana", uma forma *soft* de antipsicanálise consiste com freqüência em decretar como psicanalíticas simples psicoterapias do eu, conduzidas segundo um encaminhamento *revisionista*, retornando a uma concepção psicológica que repudia a dimensão *meta* – e assim fundamentalmente ignorante do encaminhamento psicanalítico, na medida em que este se especifica pela escuta sistemática desse estranho, desse não-eu subjetivo que opera no coração do mais íntimo de cada um.

Assim mesmo é preciso uma notável ingenuidade para ousar gritar como Dalida "Eu sou eu! [*Je suis moi*]!", pois o que a prática do tratamento psicanalítico não pára de nos ensinar é antes o antagonismo, nunca redutível, entre o eu narcísico – pelo qual nos comprazemos em nos imaginar coerentes, constantes, até mesmo imortais – e as incertezas do sujeito do desejo e da inspiração verdadeira, cuja raiz vital surge desse estranho no fundo de si.

Ajudar os pacientes a trabalhar, a *dialetizar* isso da melhor forma é, afinal, o projeto essencial de qualquer tratamento de psicanálise. Porque esse outro estranho que nos desorganiza e nos inspira, seja percebido como perigo interior ou como vindo do exterior, tende a provocar o ódio do eu (narcísico), na medida em que mobiliza perigosamente as forças do desejo. Também não é espantoso demais que as ilusões totalitárias e as simplificações expeditas dos discursos de extrema direita, que cultivam a unicidade narcísica (a ilusão da raça, por exemplo), só possam engendrar um lamentável emudecimento de criatividade, por meio da necessidade em que se encontram de reiterar uma rejeição aumentada das forças vivas da inspiração – equivalendo o *medo do estranho*, de fato, a um medo do desejo.

Essas reações defensivas primárias ressurgem mais que nunca na nossa época, na qual uma parcela cada vez maior de nossos compatriotas vive a experiência da inatividade e da exclusão e se sente desprovida dos meios que lhe permitiriam lidar com sua própria condição existencial; ainda mais porque um discurso objetivante alastrou por todos os cantos sua univocidade hegemônica, porque nosso mundo é atravessado de uma ponta à outra pelas injunções de um liberalismo devastador que se proclama "científico", ao passo que as técnicas de sondagem se aplicam em expulsar sistematicamente qualquer sujeito de responsabilidade subjetiva (política). Seria irrazoável pensar, então, que o surgimento da descoberta freudiana no limiar desse terrível século vinte, o dos totalitarismos e do recorde de destrutividade do homem pelo homem, teria a vocação, talvez, de trazer o antídoto para as concepções totalitárias e para os integrismos redutores?

Em todo caso, é um fato que Freud nunca cedeu aos chamados da simplificação unitária; que sustentou, apesar de e contra tudo (e, primeiro, contra Jung), a não-univocidade do aparelho psíquico, a dis-simetria dos sexos e, depois, o dualismo pulsional... É também esse estranho-na-casa que Freud encontra em sua pesquisa sobre "L'inquiétante étrangeté [O estranho[I]]" (1919), que se abre para um estudo lingüístico em regra da ambigüidade fundamental do termo alemão *heimlich*, mostrando como este joga continuamente com o retorno de sentido entre o familiar-íntimo e o estranho.

Resta que esse heterogêneo fundamental que a psicanálise descobre operando no coração do ser humano tende a constituir, ao mesmo tempo, um tesouro e uma ameaça. Na história do desenvolvimento psíquico de cada um, a primeira figura de alhures-na-casa, o primeiro *meteco* encontrado ninguém mais é que... *o pai*! Antes de tudo, é sobre esse outro que deve se operar a famosa *metáfora* dita paterna: o deslocamento transformador dos investimentos libidinais, orientados, na origem, para o parceiro materno. Uma tal mudança[1] libidinal constitui uma etapa indispensável na gênese de qualquer sujeito humano.

Mas essa experiência subjetivante do heterogêneo vai simultaneamente se chocar com a prova decisiva da *percepção do outro sexo*. Freud apreendeu muito cedo que, no menino, é, antes de tudo, um pavor descobrir que sua mãe não tem um pênis; e a experiência de toda a vida não será supérflua para conjurar esse escândalo da dessemelhança manifesta dos seres humanos, esse dado de fundamental des-completude (antinarcísica) do qual a freqüentação íntima das mulheres traz a prova: o pênis pode faltar, irremediavelmente! Vemos ainda hoje como os *integrismos* de todos os gêneros se aplicam em reduzir a troca entre os sexos ao mínimo vital da procriação –

I Quando o título diferir, em português, do título em francês, apresentaremos sempre, entre colchetes, o título da obra em português. (NT)

1 Na Grécia de hoje, podemos ver a inscrição "*metaphorai*" nos caminhões de mudança!...

sem dúvida porque a mola propulsora essencialmente narcísica que anima suas crenças lhes ordena combater esse inadmissível ferimento na *integridade* que é a incurável sexuação do ser humano, concretização primeira de "L'incomplétude du symbolique" (Le Gaufey, 1991).

Também devemos levar em conta esse dado fundamental de que toda pro-criação de um ser humano resulta do *cruzamento de duas linhagens* mais ou menos bem adequadas, mas necessariamente heterogêneas (já que também nos é preciso escapar ao incesto!); reunião de estranhos relativos – de "peças acrescentadas", diz-se, a perder de vista na nascente... O próprio do sujeito humano não é, afinal, ser sempre engendrado por *mestiçagem*? A ponto de nos ser permitido duvidar de que humanos produzidos por um procedimento de *clonagem* poderiam ser sujeitos, no sentido em que os entendemos...

Certamente, a heterogeneidade das linhagens geracionais vai se mostrar mais evidente em certos casos que portam a marca do *transplante*. Resta que a cada geração – mais ou menos defasada, mais ou menos deslocada, mais ou menos mestiçada, mais ou menos adotada – cabe a tarefa de prosseguir a fabricação de uma história partilhável que dá conta dessas reuniões e de suas significações mais ou menos compatíveis (casáveis) de maneira a tornar vivível a coexistência das linhagens. A necessária colocação em discurso mítico (*mythos* significa muito simplesmente "fala" em grego) dos dados existenciais pode dar a cada geração os meios de articular em termos representáveis as diferentes raízes mais ou menos estranhas de sua existência.

O processo psicanalítico em operação num tratamento constitui precisamente um trabalho transformador (*perlaboração, working-through, durcharbeitung*) dessa relação íntima com o heterogêneo em si mesmo. Também parece um pouco ingênuo limitar-se a dar conta disso em simples termos de "conflito" ou de "frustração" – como se se tratasse de mal-entendidos fortuitos, transitórios, em suma, e apagáveis; ao passo que é exatamente a experiência prolongada de uma freqüentação íntima do estranho em si mesmo que se pode exigir de alguém que pretenda se tornar psicanalista para outros.

Se a apropriação subjetiva desse heterogêneo é a visada principal do encaminhamento psicanalítico, é preciso ver que a própria noção de subjetivação tem sua raiz na de *assujeitamento*; em outras palavras, que a subjetividade comporta intrinsecamente uma dimensão de servidão – a idéia de um *sofrer*.

A apassivação [II]

Também é a noção mesma de "passividade[2]" que convém examinar primeiro, enquanto constitui uma verdadeira encruzilhada da dinâmica psíquica. Com efeito, sua incidência muda de cabo a rabo, segundo se considere mais seu aspecto defensivo neutralizante ou sua receptividade fecunda. Pode-se, primeiro, se tornar passivo para anular a implicação, para se ausentar de toda troca, notadamente agressiva – é uma tática da qual o comportamento animal oferece múltiplas ilustrações. Essa concepção negativa da passividade se encontra argumentada sobretudo pelos autores de inspiração kleiniana. Não é sob esse ângulo que a abordarei no quadro desta obra: tratarei, antes, da *apassivação* na medida em que constitui um tempo decisivo do exercício pulsional, a serviço do acabamento do próprio processo de *subjetivação*.

Sabemos que esse termo "apassivação" foi promovido por André Green em seu trabalho "Passions et destins des passions" (1980), cujo título salienta bem a filiação ao texto de Freud, "Pulsions et destins de pulsions [Os instintos e suas vicissitudes]" (1915). Também partirei desse texto freudiano, pois ele contém o início de uma abordagem original, especificamente psicanalítica, da *função sujeito*: a de um *sujeito-agente* do exercício pulsional no seio das inter-relações primeiras.

O sujeito assim concebido se separa, certamente, por causa de sua primariedade mesma e de sua inconsciência possível, das características tradicionais do sujeito da filosofia – sobre o qual o psicanalista sabe bem que

---

II Em francês, nas formas existentes hoje na língua, fica mais clara a proximidade entre *passivation* (apassivação) e *passion* (paixão). (NT)

2 Foi esse o tema do Congresso de Psicanalistas de Língua Francesa de maio de 1999 em Paris, "Enjeux de la passivité", no qual fui encarregado de uma exposição, "La passion du sujet, entre pulsionnalité et signifiance" (Penot, 1999), da qual o presente trabalho saiu, em grande parte.

o grau de consciência não oferece nenhuma garantia, já que pode tanto se originar do falso *self* quanto da recusa[III]. Mas um tal sujeito pulsional também não se deixa acantonar no registro "puramente simbólico" – como o sujeito gramatical ao qual tão geralmente nos obstinamos em reduzir a herança de Lacan.

No entanto, o próprio apoio tomado por este autor[3] na lingüística o levou a muito cedo conceber o sujeito no início como fundamentalmente *dividido* – partido principalmente entre sujeito do *enunciado* (o único gramatical estrito e formal) e sujeito da *enunciação* (sustentando a motivação implícita da proposição).

Essa duplicidade fundamental do sujeito (da proposição e do ato) se ilustra particularmente no famoso *por quê* das crianças, a cujo enunciado o adulto se esforça inutilmente para responder. Peguemos um diálogo do tipo: o adulto disse "está bom [ele, o tempo]", a criança pergunta "por quê?" e o adulto começa a fornecer explicações objetivas que só fazem relançar o caráter compulsivo dos por quês. É que a pergunta infantil visa, de fato, o sujeito da enunciação: sua formulação verdadeira seria, antes, algo como o que é que *te* leva a *me* dizer que [*ele, o tempo*][IV] está bom?

Vemos logo o quanto esse torneio verbal – *paranóide*, no que visa o sujeito latente da enunciação – encontra o do psicanalista em sessão[4]. Note-

---

III Traduziremos sistematicamente *déni* por "recusa", utilizando como referência o livro do autor, *Figuras da recusa*, publicado pela Artes Médicas em 1991. (NT)

3 A presente exposição deve muito ao trabalho de nosso seminário sobre "Lacan lisant Freud", desenvolvido durante vários anos no Instituto de Psicanálise, Rua Sain-Jacques, com, notadamente, Sylvie Faure, Alain Fine, Marie-Eugénie Jullian e Georges Pragier, a quem tenho que agradecer aqui muito calorosamente.

IV Por força das exigências gramaticais do francês, existe aqui um *il*, em *il fait beau*, que não cabe em português, mas que a seguir vai ser mencionado pelo autor. (NT)

4 Coluche dá conta dessa dimensão paranóide quando, contando sobre um piquenique que não aconteceu, acrescenta: "e eu até acreditei que ia chover/[ele] ia desabar... babaca como [ele] é!" [*et j'ai même cru qu'il allait pleuvoir... con comme il est!* (em francês, *pleuvoir*, "chover", se usa com um *il*, "ele", que não é incorporável à frase em português; pode também ser usado como verbo pessoal – como também acontece no português –, no sentido de algo ou alguém que "desaba" (como a água da chuva)) (NT)]. Rimos (um pouco amarelo) do que um semelhante *ele* pode ter como consistência real – como o *isso*... e como Deus, num certo sentido...

mos também, de passagem, o caráter ternário da distribuição dos pronomes-sujeito no enunciado – nós a reencontraremos nos desenvolvimentos que virão a seguir (capítulos 1 e 3).

Uma clínica da subjetivação

A gênese de meu interesse (minha paixão) pelo que condiciona a subjetivação verdadeira, isto é, pulsional, provém sobretudo das margens de minha prática – notadamente a dos *distúrbios graves da subjetivação na adolescência* (capítulos 4, 5 e 6). Porque, enfim, se o encaminhamento freudiano consegue, no essencial, esclarecer o normal pelo patológico, devemos esperar que uma concepção psicanalítica da função sujeito elabore antes de tudo a partir da experiência das deficiências dessa própria função! A mola propulsora do presente trabalho repousa na constatação de que pode ser heurístico e operativo, para um analista que trabalhe com pacientes cuja função sujeito permanece hipotecada por uma *alienação* invalidante, dialetizar o que se pode designar como "funções do eu" (integrativas-defensivas e fundamentalmente narcísicas) e o que constitui esse "sujeito novo" (Freud, 1915), o *agente pulsional* promotor da fantasia [*fantasme*[V]] inconsciente.

A psicopatologia repertoria diversos quadros clínicos segundo os quais um tal sujeito pode aparecer como hipotecado por um eu dotado de uma espécie de hipertrofia obstrutiva. É o caso desses pacientes dominados por um modo *operatório* de pensamento de que fala Claude Smadja (1998); mas também o de certas neuroses obsessivas nas quais a mestria egóica e a preocupação com o domínio sufocam a subjetivação. Por outro lado, diversas formas de psicoses, ou, ainda, as patologias ditas comportamentais constituem outras tantas modalidades de obliteração do sujeito de um desejo...

Lacan trabalhou muito para tornar essa alienação egóica mais explícita – ao mesmo tempo levado pela moda *surrealista* do meio do século e querendo prolongar o que considerava como um trilhamento decisivo ope-

---

[V] Traduziremos sistematicamente *fantasme* por "fantasia". (NT)

rado por Freud. Em seu seminário *A lógica da fantasia* (1966-1967, ainda inédito), retoma o famoso *cogito* de Descartes para mostrar como este vem constituir uma espécie de *avesso* do sujeito do inconsciente de que a psicanálise se ocupa. Com efeito, do descentramento metapsicológico operado por Freud sai, antes, como se diverte em dialetizar Lacan, que "não penso onde estou" e que "não estou ali onde penso"!...

"Ali onde creio me apreender em minha imagem narcísica, estou bem longe do sujeito agente de meus atos e promotor de meus sonhos". E é justamente essa distância entre o eu consciente, imagem narcísica familiar de si, e o sujeito que nasce do exercício pulsional que exige o interminável esforço de ligação psíquica (*Bindung*), a ser retomado sem cessar: a sempre laboriosa bricolagem de uma articulação funcional entre termos refratários à assimilação. Vemos claramente, numa tal perspectiva, por que o trabalho *perlaborativo* que o tratamento psicanalítico se prende a promover jamais poderia ser considerado como terminado – pela boa razão de que seus termos permanecerão estruturalmente estranhos um ao outro, não falando a mesma linguagem.

Complexidade do eu (je)

Resta que Freud sempre se prendeu a manter sob a égide de um único termo (*ich*) toda essa gama de funções que vão da obstrução defensiva por cegueira narcísica ao papel chave de captura de uma ligação significativa que constitui o aliado principal do trabalho de análise. Mas ainda hoje se avalia o que o caráter de tal modo compósito do *ich* freudiano pôde engendrar como dificuldades de transmissão da teoria – a começar pela famosa fórmula "Wo es war, soll ich werden", que as primeiras traduções em francês alegremente trataram como se se tratasse de um *das Ich* e não da primeira pessoa do pronome sujeito. Ao passo que *das Ich* (com maiúscula!), o eu [*moi*] como instância, é essencialmente construído a partir de dados da representação espacial (visual, cenestésica...) do corpo próprio.

"O eu [*moi*] é antes de tudo um eu corporal", enuncia Freud (1922); e essa instância vai tomar seu estofo representativo, antes de tudo, na relação especular com o outro (semelhante), depois nas identificações com os sucessivos parceiros. O eu se inscreve assim, globalmente, no registro dito *imaginário*: o da representação espaço-corporal. Também é a única das três instâncias psíquicas da segunda tópica freudiana que se pode caracterizar, topologicamente, como formada por um dentro introjetado oposto a um fora rejeitado (Freud, 1925a) – o supereu e o isso ultrapassando, numa certa medida, a noção mesma de intrapsíquico.

A instância que Freud chama de *supereu*, evidentemente transindividual e transgeracional, por um lado, vem formar a delimitação indispensável a todo convívio comunitário. Esse supereu também constitui uma figura do limite e, de minha parte, propus (1995) considerá-lo essencialmente *como avisador internalizado do ponto limite do que constitui condição do amor*, matriz genética do limite da complacência parental.

Um reviramento no pensamento de Freud foi seu pôr em evidência o que escolheu chamar de *narcisismo* (1914), fazendo-o conceber o eu corporal como constituindo um objeto libidinal para si mesmo. Não foi tanto o caráter inconsciente de uma parte desse eu, mas, antes, sua essência narcísica – isto é, sua dupla característica de se formar especularmente e de estar fundamentalmente a serviço do princípio de prazer – que arrastou Freud para a necessidade teórica de conceber um *além do princípio de prazer* (1920). E foi justamente a partir daí que a função sujeito veio a poder ser distinguida como não redutível ao narcisismo.

Resta que, para avançar nessa via, parece-me que nossa teorização de psicanalista ganha em especificar, tanto quanto se pode (em lugar de confundi-los e misturá-los), os registros psíquicos do *imaginário*, do *real* e do *simbólico*. Vou me servir, então, amplamente, do que me parece, nesse aspecto, precioso na contribuição de Jacques Lacan. Eu me deixarei particularmente levar (apassivação obrigatória!) por certos trilhamentos conceituais desse autor, trilhamentos que tendem a caracterizar como pólo essencial do psiquismo o sujeito do desejo e da inspiração vinda do isso (ver o *Esquema L* no capítulo 9). Entendamo-nos bem, com isso não pretendo levar uma discussão de conjunto das contribuições de Lacan à teoria – tanto que seu pensamento evolui consideravelmente durante trinta anos de pesquisa (mais ainda, talvez, que o de Freud). Tentarei apenas me servir de algumas ferramentas conceituais (*metafóricas*, então, não esqueçamos!) que ele nos oferece a fim de melhor apreender o núcleo de uma clínica do sujeito inconsciente em sofrimento [VI].

Buscarei da melhor forma mostrar como o estofo da função sujeito no tratamento – sujeito da inspiração pulsional e não da defesa narcísica – resulta fundamentalmente dessa conjunção do energético pulsional com a significância. Em outras palavras, *da captura de um agente pulsional numa relação significante.*

Esse empreendimento me leva a colocar o surgimento do dito sujeito entre o real da pulsão, por um lado, e a carga simbólica das reações (mensagens) da mãe, por outro. Uma tal conjunção se reforça através do exercício reiterado de um se deixar fazer, se deixar ser, se deixar levar – ao mesmo tempo pela renovada colocação em jogo da energia pulsional e pelo jogo sempre surpreendente da criatividade significante.

Mas uma tal *apassivação* subjetivante só pode ser concebida num "além do princípio de prazer". É particularmente o que Jacqueline Schaeffer (1997) me parece ilustrar quando fala de "a derrota do eu", necessária, na sua opinião, nos dois sexos, para ter acesso a um *gozo* além do exclusivo prazer-descarga. Dispomos também, sobre esse assunto, do trabalho de M.-C. Laznik-Penot (1990).

Sabemos, *a contrario*, como Freud (1937) designou o horror da passividade como mola propulsora de base das defesas do eu, na medida em que este é preposto a serviço da mestria, da integridade narcísica e do primado do princípio de prazer.

A função sujeito, precisamente

Minha abordagem pretende, então, desenvolver-se segundo referências bastante diferentes das que guiaram Raymond Cahn em sua exposição "Le sujet" no Congresso de Psicanalistas de Língua Francesa (1991). Saúdo aqui seu mérito por ter buscado isolar o que chama de "uma arqueologia do

---

VI *En souffrance*, expressão francesa que pode ser traduzida como "em sofrimento", "em espera", "não-realizado". (NT)

sujeito" e pude reconhecer vários aspectos do trabalho clínico que mantivemos juntos, durante anos, com adolescentes muito doentes.

Mas meu encaminhamento de hoje vai diferir do dele no que pretende especificar a função sujeito de maneira muito mais restritiva. Eu não conceberia o sujeito como representando a *pessoa humana* em sua globalidade, nem a imagem narcísica que ela pode ter dela mesma, também não a noção reflexiva de *self*, que tende a designar uma função global de auto-referência (*self-centered*). O sujeito cuja abordagem quero especificar aqui me parece não se caracterizar nem por sua plenitude, nem por seu natural, mas, bem antes, se definir como *uma função precária*, saída da prematuridade do bebê humano e, como tal, dependente das primeiras transações pulsionais com a mãe e das respostas (verbais, gestuais) desta.

Essa "condição do sujeito" será reiterada, durante a vida, através de diversas experiências de interação subjetiva sob a forma de um certo *colocar em paixão*[VII]; isso pelo fato de seu surgimento entre jogo pulsional e jogo significante (e não apenas *inter urinas et faeces*[VIII], como diziam os pais da Igreja), com a parcialidade fundamental que ele adquire por essa mesma condição.

Trabalhar como psicanalista para que um paciente instaure melhores ligações funcionais entre os registros de sua psique não implica que se deva ceder às ilusões unificadoras, globalizadoras, simplificadoras, isoladoras; supõe que não se pare de considerar essa heterogeneidade (com a irremediável sexuação) que a metapsicologia freudiana precisamente se esforça por definir. Assim, a prova da alteridade é indispensável à afirmação de uma subjetividade – na direção do sexo que não se tem, da língua que não se tem, dos recursos que não se tem... Não é através da experiência da alteridade vivida que se adquire o máximo de chances de integrar as potencialidades subjetivas de soluções novas?

Dito isso, eu me guardaria de propor aqui, como entrada de jogo (segundo o uso), uma definição do termo "sujeito" apoiada em definições

---

[VII] Em francês, *mise em passion*. Lembremos que "paixão" é um termo que remete a muitos significados, a muitos usos, tanto em francês quanto em português. (NT)

[VIII] Entre urina e fezes. (NT)

de dicionário; pois o sujeito-no-sentido-psicanalítico, cujos elementos de abordagem busco trilhar aqui, me parece se originar em uma definição a vir, em uma concepção *em germe*. Tentarei, de todo modo, reunir seus elementos no final do capítulo 9.

Daqui até lá, meu encaminhamento será o seguinte: partindo do exame das condições de aparecimento do termo *sujeito* em "Pulsions et destins de pulsions [Os instintos e suas vicissitudes]", vou propor ilustrar alguma coisa sobre isso com o tratamento de uma paciente bulímica (capítulo 2); continuarei o estudo do papel chave desempenhado pela apassivação na subjetivação da fantasia com "On bat un enfant [Uma criança é espancada [IX]]" (1919); depois, proporei exemplos *limites* (adolescentes) de subjetivação defeituosa e de seu tratamento; chegarei, depois, a delimitar melhor a noção chave de *significante* pelo destino funcional exemplar da representação mental do falo (capítulo 7); depois do que, o reexame da *sublimação* poderá fazer progredir na apreensão do sujeito pulsional; vou expor (capítulo 9) momentos de uma sessão de análise na qual a subjetivação pulsional pôde ganhar ao se deixar fazer pelo jogo significante; terminarei (capítulo 10) reexaminando a incidência decisiva do fator *tempo* (descontinuidade da "escansão" e do *só-depois*) na experiência subjetivante basal de interação dos sujeitos mútuos.

IX Aqui temos a diferença entre duas formas possíveis de voz passiva em português (a sintética e a analítica): "espanca-se uma criança" ou "uma criança é espancada" – consideradas, via de regra, equivalentes, em português, embora, entre elas, haja uma inversão entre "sujeito" e "objeto" (gramaticais). (NT)

1.
O circuito pulsional gerador da função sujeito

"Vai ser preciso que um dia nos resolvamos a admitir o que, sem dúvida, há de mais subversivo no pensamento freudiano, a saber, que ele abala definitivamente a teoria da subjetividade ao instalar, em seu fundamento, o mito da pulsão, ao fazer do sujeito o sujeito da pulsão... tanto conduzindo, tanto conduzido por ela".
(André Green, 1989)

Se em sua obra Freud geralmente evitou utilizar o termo *sujeito* foi, sem dúvida, porque desconfiava do uso filosófico consagrado do termo para designar essa instância do psiquismo suposta eminente: esse *sujeito-consciente-de-si* ao qual a operação freudiana de descentramento que funda a *metapsicologia* veio dar um lugar muito relativo no destino da criatividade subjetiva.

No entanto, há uma exceção notável a essa abstenção de Freud: em "Pulsions et destins de pulsions [Os instintos e suas vicissitudes]" (1915), recorre de maneira reiterada e sistemática à noção de sujeito (*Subjekt*) cada vez que evoca um certo "destino" dos pares pulsionais elementares que associam o retorno (para o corpo próprio) e a inversão do objetivo (isto é, do modo de satisfação). Este concerne especificamente à *passagem do modo de satisfação de ativo a passivo* e inversamente. Freud evoca uma outra inversão possível em seu contrário, a que diz respeito ao "conteúdo", mas diz só observá-la no caso da transformação *de amor em ódio*; esclarece que isso se situa, na sua opinião, no registro propriamente *narcísico*, o da relação do eu global com o outro semelhante, exatamente para além, então, do registro de observação próprio aos pares pulsionais elementares.

Vejamos, primeiro, em quais momentos de seu texto Freud tem necessidade de recorrer à noção de *sujeito*. É, muito precisamente, quando se prende a descrever esse *destino* comum dos pares pulsionais de base, que combinam dois movimentos complementares: o *retorno* da atividade pulsional para o corpo próprio e a *inversão de objetivo* de uma satisfação buscada sob o modo passivo (fazer-se olhar, fazer-se cuidar). É no momento em que descreve a inversão da satisfação sob o modo passivo que Freud vem a evocar a presença de um *sujeito*. Mas é espantoso que esse "sujeito novo", como o chama, seja posicionado por ele no exterior da pessoa própria, como agente de um olhar para esta ou do cuidar dela – o sujeito na pessoa própria é, então, suposto numa espécie de suspensão.

Freud propõe ilustrar isso através de um primeiro par pulsional antagonista que ele chama *sadomasoquismo* – não podendo evitar o emprego da terminologia psicopatológica das perversões quando trata da pulsionalidade elementar.

Menciona a atividade motora primeira do bebê: violência objetivamente sádica quanto ao que cai a seu alcance, mas inocente, na medida em que seu grau de subjetivação é mínimo. Freud esclarece que infligir dor não é levado em consideração nesse estádio, que não é isso que a motricidade do pequenininho visa.

Quase imediatamente, aliás, esse "sadismo" do bebê vai tomar como objeto seu corpo próprio, num exercício que Freud qualifica de *auto-erótico*. E depois vai ser designado um tempo terceiro, no qual a pulsão busca se satisfazer sob o modo passivo – motivo pelo qual Freud vai inventar o termo *masoquismo*. "Novamente", diz ele, "é buscada como objeto uma pessoa estranha que, por conseqüência da transformação de objetivo ocorrida, deve necessariamente assumir o papel de sujeito" [I].

I Tradução brasileira: "Uma pessoa estranha é mais uma vez procurada como objeto; essa pessoa, em conseqüência da alteração que ocorreu na finalidade instintual, tem de assumir o papel do sujeito" [Optamos por manter a tradução direta do francês e registrar em nota a tradução brasileira. (NT)].

É o primeiro aparecimento desse termo, *sujeito*, pelo qual Freud entende manifestamente designar o *agente* (exterior) de uma atividade pulsional, "sádica", no caso, capaz de satisfazer a demanda "masoquista" da pessoa própria. Ele então fala de um "*ich* passivo remetendo em fantasia [*fantaisie*] [II]" (*sic*) ao "*sujeito* (segundo uso) estranho" a posição sádica que era inicialmente a sua. Com efeito, nesse momento de seu pensamento Freud representa essa posição passivo-masoquista como secundária, isto é, como procedendo do retorno-inversão do impulso sádico primeiro.

Com esses três tempos da atividade pulsional, vê-se que Freud conjuga de maneira acima de tudo clássica os posicionamentos possíveis do sujeito-agente segundo as três vias gramaticais: ativa, reflexiva e passiva.

Em seguida vai convidar seu leitor a considerar um segundo par de opostos pulsionais, aquele cujo objetivo é, diz ele, "olhar e se mostrar"; o que, acrescenta logo, "se tornaria o voyeurismo-exibicionismo na linguagem das perversões [III]".

Ao descrever o destino em forma de retorno-inversão desse par pulsional, é ainda no tempo terceiro, o da apassivação do objetivo – a busca de uma satisfação em ser olhado – que Freud emprega (pela terceira vez, então) o termo *sujeito*.

"Aqui também", diz ele, "podemos incluir os mesmos estádios que no caso precedente: *a*) o olhar [*sic*] como atividade dirigida para um objeto estranho; *b*) o abandono do objeto, o retorno da pulsão de olhar para uma parte do corpo próprio, ao mesmo tempo que a inversão em passividade e a inserção do novo objetivo: ser olhado; *c*) a instalação de um novo *sujeito* [eu sublinho] ao qual nos mostramos para sermos olhados por ele [IV]" (p. 174).

[II] A palavra usada aqui é *fantaisie*, que em francês é usada para a atividade do fantasiar, da imaginação, em suma. (NT)

[III] Tradução brasileira: "olhar e exibir-se (escopofilia e exibicionismo, na linguagem das perversões)".

[IV] Tradução brasileira: "Aqui novamente podemos postular as mesmas fases como no exemplo anterior: — (a) O olhar como uma *atividade* dirigida para um objeto estranho. (b) O desistir do objeto e dirigir o instinto escopofílico para uma parte do próprio corpo do sujeito; com isso, transformação no sentido de passividade e o estabelecimento de uma nova finalidade — a de ser olhado. (c) Introdução de um novo sujeito diante do qual a pessoa se exibe a fim de ser olhada por ele".

É novamente com esse termo *sujeito* que ele entende designar então o agente de um olhar exterior para si.

Três considerações me parecem poder de imediato ser extraídas do esquema funcional proposto por Freud através desses pares pulsionais elementares[1].

1. Primeiro, ambos ilustram notavelmente um caráter essencial da pulsão, a saber, que o exercício pulsional é sempre *ativo* em sua essência (a pulsão é "um fragmento de atividade", diz ele), mesmo quando seu objetivo é a busca de uma satisfação passiva (ser olhado, ser cuidado). A expressão "nos mostramos" que Freud utiliza traduz isso da melhor forma possível; e a fórmula geral "fazer-se" certamente é a mais apropriada para dar conta de uma tal busca (ativa) de satisfação (passiva) – e para designar, simultaneamente, a posição dita *feminina* nos dois sexos.

É um mérito de André Green (1980) ter sabido desenvolver entre nós essa idéia do papel chave da *apassivação* pulsional na *subjetivação* verdadeira. Esses dois termos constituem, de fato, tanto um como outro, neologismos. Seu interesse, entretanto, provém do par muito significativo que cada um deles pode vir formar com um outro termo mais usual, aparentado mas não sinônimo: isso dá o par *passividade/apassivação*, por um lado, e o par *assujeitamento/subjetivação*, pelo outro. Em cada um, vê-se que o segundo termo vem dinamicamente representar a atividade pulsional dirigida para uma busca de satisfação passiva. Sobressai dessa perspectiva, na minha opinião muito produtiva, que o sujeito freudiano deve proceder do próprio jogo da atividade pulsional, sob pena de, assim não sendo, ser apenas um *falso self* ou uma espécie de *formação reativa* a serviço da imagem narcísica.

2. Mas também é preciso observar que, nos dois exemplos pulsionais que propõe, Freud começa por situar o sujeito no exterior: uma "pessoa estranha[V]", diz ele, fora da pessoa própria. Esse sujeito exterior, agente da

---

[1] Podemos observar que Freud não explora esse outro par pulsional *escutar - se fazer ouvir* – talvez porque este tende a ir além do registro da representação plástica do corpo (o registro dito "imaginário").

[V] Em francês, *étrangère*, que, como o português "estranho", tanto remete ao estrangeiro, ao forasteiro, ao "alhures", quanto ao que é estranho no sentido de "não-conhecido", "diferente". (NT)

atividade de olhar ou de cuidar, vem designar claramente aqui coisa diferente do que se conveio comumente chamar de um *objeto* da atividade pulsional da criança. Freud inclusive fala, nesse momento, de "abandono do objeto". Já em seu "Projeto" (1895), designa essa função de assistência com relação à criancinha por uma pessoa primordial que ele qualifica com o termo (evangélico) de "próximo" (*Nebenmensch*): a pessoa que assume de fato a função materna primária.

3. Resta, enfim, a questão da prioridade temporal a ser dada às três formas da atividade pulsional. Em "Pulsions et destins de pulsions [Os instintos e suas vicissitudes]", Freud se mantém inicialmente no princípio segundo o qual "Não se pode duvidar de que, tanto quanto o objetivo ativo ocorre antes do objetivo passivo, o olhar precede o ser-olhado [VI]" (p. 174).

De fato, vamos constatar a esse respeito uma verdadeira dança de hesitação do pensamento de Freud que vai levá-lo a sustentar o inverso, nove anos mais tarde, em "O problema econômico do masoquismo" (1924), no qual ele concebe um masoquismo primeiro como conseqüência da prematuridade do bebê humano. Certamente, Freud não deixa de assinalar sua mudança de perspectiva em nota de uma nova edição de "Pulsions et destins de pulsions [Os instintos e suas vicissitudes]". Resta que a notável flutuação de que ele dá prova a propósito do sadismo ou do masoquismo, ou do auto-erotismo, me parece em si mesma de um grande valor indicativo. Proponho considerá-la como sintomática do papel pivô que essas inversões pulsionais vêm representar no processo de subjetivação: a capacidade (lúdica) de passar de um modo de satisfação ao outro, assim vindo, por conseqüência, condicionar o próprio enriquecimento da dita subjetivação – a capacidade de dar estofo a um *gozo* subjetivo numa troca que não se limita apenas à busca de descarga.

O circuito pulsional

Foi justamente em torno dessa questão crucial que, nos anos cinqüenta, Jacques Lacan empreendeu escrutar a obra de Freud – até seu semi-

[VI] Tradução brasileira: "Também aqui dificilmente se pode duvidar de que a finalidade ativa surge antes da passiva, de que o olhar precede o ser olhado".

nário de maio de 1964 sobre "A pulsão parcial e seu circuito", que se mostra particularmente capaz de esclarecer nossa presente proposição. Lacan situa primeiro que toda pulsão é *sexual* (mesmo no registro da oralidade ou da analidade), mas necessariamente *parcial* (mesmo genital) na perspectiva da finalidade biológica da sexualidade: a procriação. Dito isto, ele insiste para extrair do texto de Freud essa espécie de "ida e volta" pela qual cada par pulsional tende a tomar sua forma acabada num percurso de três tempos.

Sobre isso, Lacan tem a idéia simples de representar o acabamento pulsional como descrevendo um *circuito em forma de volta* no qual se sucedem os três modos posicionais situados por Freud, desenhando uma trajetória retroativa que faz o contorno do objeto visado obscuramente (o objeto primeiro perdido). O que se torna claro, então, para ele, é que a satisfação pulsional vai residir mais no grau de acabamento desse périplo, na riqueza de seu contorno do que numa pretensão de se assegurar verdadeiramente do objeto em si. Penso aqui no poema "Ithaque" de Constantin Cavafy: "Quando partires para Ithaque, desejo que o caminho seja longo, rico em peripécias e em experiências. [...] Ithaque te deu a boa viagem: sem ela, não te terias colocado no caminho. Nada mais ela tem para te dar [...]. Tu enfim compreendeste o que significam as ithaques"[2].

Não é essa mesma idéia (de objeto pretexto, de objeto causa) que se extrai dos ciclos múltiplos da busca do Graal? *O objetivo é o caminho...*

A pulsão, diz Lacan, aprende, ao agarrar seu objeto, que não é assim que ela é satisfeita, porque nenhum *objeto da necessidade* pode satisfazer a pulsão; porque se trata, sobretudo, de obter algo do outro primeiro. Assim acontece com a pulsão oral: "Não é com alimento que a boca que se abre no registro da pulsão se satisfaz". É o que os bulímicos não param de nos ensinar: jamais algum alimento dá satisfação à busca pulsional, que visa sempre *um outro perdido-faltante.* Eu diria, precisamente: a relação de *apassivação* oral com ele.

Aí se situa, sem dúvida, a satisfação primeira perdida-faltante cuja busca o bulímico prossegue compulsivamente. Proponho considerar que essa satisfação seria aquela de poder se experimentar, na origem, *deleitável*

2 C. Cavafy, *Poèmes*, tradução de Marguerite Yourcenar, em NRF, Gallimard, 1978, p. 102.

aos olhos de sua mãe – modalidade da satisfação em modo passivo da dita pulsão, vivida sem risco de ser destruído. É o perigo sentido primariamente de vir em pessoa em posição passiva de objeto da pulsão oral do outro materno que pode suscitar uma modalidade defensiva de seu exercício: o *rebaixamento* unívoco do modo de satisfação oral na direção do objeto desmetaforizado da necessidade alimentar.

Nossos difíceis pacientes anoréxicos e bulímicos de modo geral ilustram essa forma de fracasso em experimentar o enorme ganho subjetivo que resulta do pleno exercício da pulsionalidade oral – a começar, seguramente, pelo que se pode exacerbar daí dinamicamente na experiência amorosa...

Veremos (com o caso Vera, capítulo 2) como a possibilidade de ganhar mais liberdade de jogo (pulsional) necessita, primeiro, de que se reatualize na transferência a compulsão a *rejeitar* defensivamente uma forma de dependência oral sentida como degradante e coisificante. Mas um tal bloqueio subjetivo só é ultrapassável através da experiência, no tratamento, de um *jogo* de reversibilidade que implica que o próprio analista aceite prestar-se a uma suficiente *apassivação*[3].

Lacan (1964) salienta que, "se, graças à introdução do outro, a estrutura da pulsão aparece [representável], ela só se completa verdadeiramente em sua forma invertida, em sua forma de retorno [apassivador]". É o caso, notadamente, do exibicionismo, no qual ele observa que "o que é visado pelo sujeito é o que se realiza no outro" (p. 166) quando ele olha...

Reconsiderando a seguir o lugar do *auto-erotismo* no circuito, Lacan salienta a necessária inserção do início e do fim da pulsão no corpo próprio. "Tudo que Freud soletra", diz ele, "das pulsões parciais nos mostra o movimento [...] circular do impulso que sai através da borda erógena [a fonte]

---

[3] O. Renik fornece ilustrações clínicas muito esclarecedoras desse tipo de problemática nas curas. Ver, notadamente, "The analyst's direct action in the cure", parcialmente publicado em *Psychoanalysis Defined in Terms of Outcome Rather Than Technique*, em Samiksa, vol. 53, pp. 49-58. Pode-se, apesar disso, reprovar o fato de que esse excelente clínico acabe por não mais levar em conta a dimensão *transferencial* em jogo nesse caso, com relação ao qual ele assim perde a dimensão propriamente metapsicológica, e prefira centrar sua fala na qualidade (*a sinceridade*) da relação psicológica imediata.

para voltar a ela como sendo seu objetivo [auto-erótico], depois de ter dado a volta em algo que chamo objeto *a*".

A continuação, entretanto, é mais surpreendente: "Afirmo", diz Lacan, "que é por aí [pelo acabamento do circuito pulsional] que o sujeito vem a atingir o que é, propriamente falando, a dimensão do grande Outro". Decerto se trata do grande Outro simbólico tal como ele o define como o "lugar" do conjunto dos significantes que podem determinar o sujeito; no entanto, Lacan aqui faz entender que deve se tratar de um outro real, aquele que assegura a função maternante no início.

O Outro da pulsão

Marie-Christine Laznik-Penot se empenhou (1993) em colocar em evidência em Lacan essa surpreendente conjunção do Outro simbólico e do ancestral primordial real, no lugar mesmo em que surge, para Freud, esse *sujeito novo*, agente pulsional exterior. Essa articulação é notavelmente negligenciada e até mesmo rejeitada por certos titularmente herdeiros de Lacan. No entanto, para bem conduzir suas psicoterapias (conjuntas com os pais) de crianças autistas, M.-C. Laznik teve que reconhecer essa condição primeira de toda subjetivação, que esses tratamentos não cessavam de lhe demonstrar. A criança autista sem linguagem tem, observa, algo que sustenta para ela lugar de eu (um eu máquina), mas sem por isso ter acesso ao que é o caso de definir como um processo verdadeiro de subjetivação – "por falta, precisamente, de poder completar a volta pulsional na interação com seu parental".

O bebê recebe em seu corpo a impressão, a marca das interações primeiras com sua mãe, cujos investimentos organizam o recorte decisivo e bem real de suas zonas erógenas e o investimento erógeno de seus *orifícios*, *fontes* de pulsões. É no exercício reiterado do circuito pulsional que o sujeito nascente se presta a receber de seu outro parental primeiro, através da inversão passiva do modo de satisfação, uma *impressão significante* decisiva, que doravante terá para ele valor de estrutura. Tudo se passa, em suma, como se o *real* da pulsão saída do corpo próprio devesse se conjugar, no início e de modo reiterativo, com *o simbólico* da troca mãe-filho para que subjetividade verdadeira possa se instaurar e crescer nele.

Vemos logo quanto o próprio processo do tratamento psicanalítico se presta a ser encarado sob esse ângulo: a apropriação subjetivante é considerada como se produzindo nele através do exercício reiterado de um se fazer ouvir, se fazer interpretar (se fazer analisar, diz-se) que abre para uma capacidade aumentada de se sentir como *sujeito disso* (*Wo es war*...).

Aqui, é essencial apreender bem que, em seu circuito, toda pulsão vai buscar algo que, a cada vez, tem que responder no outro (ver o caso Sophie, capítulo 4). "O sujeito", conclui Lacan, "vai nascer na medida em que no campo do Outro surge o significante – isto é, um elemento significativo de resposta a seu enganchamento pulsional". Em ruptura declarada com as concepções *naturalistas* do sujeito no seio do movimento psicanalítico (no primeiro lugar delas é preciso, sem dúvida, colocar a corrente kleiniana), Lacan considera o movimento pulsional em seu início, antes que possa enganchar o outro, como não comportando em si nenhum sujeito – como "*acéfalo*", diz ele.

Colegas me expressaram sua reprovação referente ao subtítulo que escolhi dar a este trabalho – "entre *pulsionalidade e significância*" –, temendo que essa formulação possa lançar uma dúvida sobre o fato de que a significância em questão se origina na própria pulsionalidade. Ao contrário, parece-me importante salientar assim que essa capacidade de significância não é, no início, uma propriedade intrínseca, *endógena* da pulsão saída do corpo – e voltarei (capítulo 10) à experiência de *reciprocidade* com o papel decisivo do outro sujeito.

Com efeito, é a partir da resposta do outro parental que o sujeito vai se determinar na pessoa própria (a observação de *crianças selvagens* já o havia indicado há muito tempo). No exercício reiterado da trajetória pulsional, será a cada vez o retorno que emana do outro, a mensagem-sinal parental (sobretudo inconsciente) que vai fornecer a indicação decisiva para confirmar ou infirmar as sensações diretas do sujeito nascente. O acoplamento, evocado acima, dos termos *assujeitamento* e *subjetivação* vem tomar aqui toda a sua carga de ambigüidade e mesmo de ambivalência, através da série possível dos "se fazer": se fazer ver, se fazer ouvir, se fazer engolir e, certamente, da escola ao trabalho, se fazer cagar...

Essas considerações evidenciam o fator decisivo inicial constituído pela capacidade do parceiro parental de encontrar prazer suficiente em *brin-*

car, prestando-se aos diferentes posicionamentos pulsionais com seu filho. Uma posição parental muito defensivamente unívoca – por exemplo, no sentido da *mestria* ou do *domínio* – tende a engendrar, na criança, um colocar em sofrimento sua subjetivação, produtor de sintomas como a anorexia e a bulimia.

Resta que a representação circular da trajetória pulsional tem o mérito de ultrapassar a questão insolúvel de saber o que deve ser posto como primeiro – ativo ou passivo, olhar ou ser olhado, sadismo ou masoquismo. Também tem a vantagem de relativizar essa estranha idéia de Freud (introdutora de uma visão naturalista do desenvolvimento) de que haveria no início um auto-erotismo integral – um "narcisismo primeiro" suposto suficiente. Ao passo que sabemos que o feto de fato vive um estado de *dependência simbiótica* com os estados de sua mãe e que todo estudo, ainda que pouco científico, da economia do bebê implica "acrescentar os cuidados maternos", como o próprio Freud tão corretamente notou, aliás (1911).

Um motor libidinal

Esse modelo do circuito pulsional me parece poder ser concebido dinamicamente como uma espécie de motor cujo vai-e-vem energético seria o efeito do encadeamento desses três tempos. Uma tal referência à termodinâmica talvez fosse apreciada por Freud; resta que a metáfora das posições rotativas do *pistão* tem a vantagem de dar conta dessa surpreendente noção na qual ele insiste, a do caráter *constante* do impulso pulsional. Parece-me que as noções de pólos (ativo, passivo, auto-erótico) e mesmo aquela, estática, de *posições* praticamente só são capazes de representar formas patológicas de bloqueio do circuito pulsional: a coação limitativa de uma modalidade funcional unívoca (característica da posição perversa) sem jogo de reversibilidade (erótica) possível.

É o caso desses *galerianos voluntários* descritos por Gérard Szwec (1988), assim como de todos esse hiperativos, terapeutas durante toda a vida de pais internos com dificuldade de reparação; ou, opostamente, dos diversos bloqueios passivo-masoquistas que encontramos. Tanto uns como os outros – hiperatividade compulsiva ou retração na passividade – de fato traduzem *uma inaptidão para viver a apassivação*. Trata-se de posições *antálgicas* pelas quais o paciente se esforça indefinidamente, durante toda a sua vida, para conjurar uma falha qualitativa de investimento parental em troca, exacerbando um desamparo primeiro (o *hilflosigkeit*) de Freud. Ao passo que, no vai-e-vem normal da pulsionalidade realizada, isto é, com a volta completa em sua forma desenvolvida, cada protagonista é levado, cada um por sua vez, a *se fazer objeto* para o outro (e para si mesmo). Rosine Debray[4] descreveu bem o que está em jogo nessa aptidão primeira da mãe *para se deixar fazer objeto* – objeto oral, para começar...

Na continuidade das considerações precedentes, parece-me capital precisar que o alimento energético do circuito pulsional deve ser considerado em sua dupla proveniência. Certamente há, de um lado, a libido que emana do corpo próprio (confluindo com o fato de que Freud concebe a pulsão como *conceito fronteira* entre soma e psique). Essa mesma energia libidinal poderá se encontrar investida seja no circuito pulsional propriamente dito, enfocado aqui, seja no investimento narcísico consecutivo à experiência perceptiva do eu global e do outro (estádio dito do *espelho*, Lacan, 1936). "Mas, na interação pulsional, a contribuição energética dessa libido do corpo próprio vai necessariamente reencontrar o investimento da parte do parceiro da interação primeira". Voltaremos à importância chave das qualidades possíveis desse investimento parental (capítulo 8).

Isso nos leva a insistir no fato de que a *experiência de satisfação* – cujo papel decisivo para assegurar as primeiras aquisições do desenvolvimento psíquico conhecemos – só poderia ser, também ela, dupla: a experiência de satisfação das aspirações do corpo próprio interagindo necessariamente, no acabamento pulsional, com a recepção dos *signos de satisfação do parceiro parental*. Pensamos, por exemplo, na incidência precoce possível – chegando até a psicotização – de sinais de fobia materna. É a conjunção dessa dupla referência experiencial que constitui aquilo pelo que se reforça a subjetivação – e bem antes de o eu estar em estado de enfrentar globalmente o *estádio do espelho*. Acrescentarei que é justamente o limite dessa com-

---

4 Discussão no Congrès des psychanalystes de langue française de maio de 1999 em Paris: "Enjeux de la passivité", na *Revue française de psychanalyse*, nº 5, p. 1785.

placência parental que a instância do *supereu* tem por função vir re-presentar na vida psíquica ulterior[5].

O interesse dessas considerações me parece ser, antes de tudo, o de lembrar ao psicanalista que ele deve se manter pronto, em muitos tratamentos, a sustentar, na relação transferencial (certamente sem literalmente crer nisso!), *uma assimetria e até, por vezes, uma verdadeira falta de medida* – porque o paciente terá necessidade de reviver (em regressão) algo de suas trocas primeiras[6].

D. W. Winnicott aparece como um pioneiro na matéria: soube ser o primeiro a explicitar, na sua maneira tranqüila, a sobrevinda de uma tal desmedida com certos pais e as conseqüências decisivas da aptidão do analista para aceitar ser parte pregnante dela. É verdade que ele se situa, nessa perspectiva, numa certa herança com relação às tentativas (ai, menos felizes!) de S. Ferenczi.

Ele conta notadamente (Winnicott, 1975) o caso desse paciente ao qual, após a reiteração de numerosos tratamentos, não hesita um dia em declarar: "Estou escutando uma moça. Sei perfeitamente que você é um homem, mas é uma moça que escuto, e é a uma moça que falo. Digo a essa moça: você fala da inveja do pênis". Ele comenta: "Fizeram-me notar que minha interpretação [...] estava muito próxima de uma brincadeira e também tão distante quanto possível de uma interpretação autoritária que conduz à doutrinação". Quando o paciente encaminha dizendo "Se eu me pusesse a falar dessa moça a alguém me tomariam por um louco", o próprio

---

5 A arte religiosa ocidental não pára de buscar representar essa satisfação complacente do Outro divino – e a arte barroca inscreve visivelmente este Outro na troca *libidinal* com a criatura.

6 O que remete diretamente à questão da *ética* particular às práticas do psicanalista – ética cuja singularidade por relação ao código moral médico Freud entende defender, em seu artigo "L'amour de transfert [Observações sobre o amor transferencial]" (1915). Parece-me que muitos colegas, notadamente anglo-saxões, entendem se prender a uma espécie de modéstia que se quer *respeitosa* do ego do paciente. Sem dúvida, não é por acaso que uma certa deriva na direção da relação *hic et nunc* e de eu a eu na sessão floriu mais nos países de cultura protestante dominante, nos quais o respeito do espaço privado próprio do indivíduo é tradicionalmente promovido como valor primeiro.

Winnicott se surpreende ao se ouvir retorquir-lhe: "Sou eu que vejo a moça e que escuto uma moça falar, enquanto, na realidade, é um homem que está no meu divã. Se há algum louco aqui, sou eu". Ele pensa que essa "sua" loucura terá permitido ao paciente se ver como uma moça, mas do lugar do analista!... Ele *constrói* a hipótese de que a mãe (então falecida) tinha de início "visto" o paciente como uma menina, de modo que esse homem tivera que se conformar à idéia de sua mãe de que como bebê ele "devia ser e era uma menina". O paciente tivera que organizar suas defesas a partir desse "dado" (ele era o segundo filho, o primeiro era um menino); mas tratava-se da "loucura de sua mãe", que via uma menina ali onde havia um menino – e é o que se encontra restituído e restabelecido quando o analista diz "sou eu que sou louco".

De minha parte, acrescentarei que, nesse caso, tratava-se precisamente de reviver, a fim de ultrapassá-la, uma *comunhão de recusa* (a *communauté du déni*, de M. Fain, 1982) entre parental e filho, transferida para a situação analítica: "loucura" parental sobre a qual há lugar para pensar que permanecia como uma impressão perceptiva precoce na experiência do paciente, um *real psíquico* então, sem dúvida anterior à constituição nele de uma fantasia e a uma integração globalizante de seu eu.

Vou agora relatar o tratamento de uma mulher jovem bulímica que me parece ilustrativo nesse mesmo sentido. Sua vida pulsional foi provavelmente marcada no início por uma grave distorção invalidante na experiência primeira das trocas com seu outro materno. A análise de seu sofrimento subjetivo só podia se efetuar a partir de sua repetição na relação *transferencial* sob a forma de um verdadeiro *impasse* em forma de curto-circuito invalidante – em relação ao qual apenas o reconhecimento mútuo vivido no tratamento pôde permitir liberar nela possibilidades novas de subjetivação.

2.
Pulsionalidade oral e assujeitamento[1]

Essa mulher jovem que chamarei Vera sofria de um destino pulsional oral que tomou nela a forma de acessos *bulímicos*: curto-circuito auto-erótico sem dúvida destinado a lhe evitar um insuportável sofrimento subjetivo. De fato, toda busca de satisfação afetiva sob um modo *passivo* parecia só poder precipitá-la numa dependência incondicional, degradante. Isso deixava supor (no sentido das *construções* em análise) que uma forte necessidade de domínio de sua mãe (o horror da apassivação nesta) havia podido conferir a sua troca pulsional um caráter mortífero, hipotecando a evolução de sua libido oral. Essa paciente viera a exercer sua pulsionalidade oral de modo defensivo (autístico num certo sentido), rebatendo-a falsamente no objeto (desmetaforizado) da necessidade *alimentar*. Não podendo enganchar no outro uma reversibilidade que permitisse uma trajetória pulsional mais enriquecedora subjetivamente, ela parecia ter-se mantido numa forma de submissão restritiva com relação a seu parceiro primeiro.

Com uma paciente desse tipo, o analista inevitavelmente vai ter que lidar com o *paradoxo da apassivação mútua*. Pois lhe será preciso voltar a partir da submissão alienante primeira (a passividade sofrida da mãe) para encontrar a dinâmica dos retornos-inversões pulsionais portadores de uma

1 Apresentei três sessões desse tratamento na oportunidade de um encontro franco-americano de trocas clínicas (CAPS, nº 4), em Paris, rua Saint-Jacques, em março de 1998.

apropriação subjetivante. Veremos, nesse tratamento, que é através da atualização transferencial de sua *rejeição de dependência* que a paciente poderá liberar-se dela de maneira duradoura.

A análise de Vera

Foi na adolescência que essa moça desenvolveu sintomas *bulímicos* inquietantes, depois de ter terminado sua relação com um rapaz que, ela achava, a tratava de modo esquisito. Durante os quatro anos que dura sua ligação (até vinte anos), esse rapaz exigia dela, cada vez mais, uma submissão sem repartição: ela devia se mostrar completamente "apagada e sem nenhum domínio sobre ele". Ela considerou que "não era possível continuar a viver assim" e rompeu. Depois fica noiva de um rapaz enérgico, esportivo, que agradava aos pais dela e que pretendia *reeducá-la*. Ele a controlava, seguia-a, praticando uma espécie de *adestramento*. Seu medo dele a fez fazer uma báscula para uma anorexia que ela diz destinada a "inspirar a piedade", a fim de levar seu parceiro a renunciar a suas exigências quanto a ela. O comportamento desse segundo namorado hoje em dia sempre aparece a Vera como bastante similar ao de sua mãe.

No momento de nossas primeiras entrevistas, Vera tem 27 anos. Está rompendo com um terceiro rapaz muito tímido e que não a faz feliz; ela está novamente tomada por compulsões bulímicas que a levam a se fazer vomitar, o que a consterna e a deixa como que *vazia*.

Vera é a mais velha de uma fratria de três: tem uma irmã um ano e meio mais nova e um irmão três anos mais novo. Trabalhando como secretaria executiva, ela se diz pronta a financiar três sessões semanais.

O trabalho de seu primeiro ano de análise vai girar principalmente em torno da relação que ela tinha, criança, com sua mãe, que ela me faz conceber como muito dominadora e abusiva. Dona de casa, saída de uma família burguesa bastante tradicional, essa mãe se teria mostrado possessiva e irascível com relação a Vera, exercendo sobre ela uma espécie de dominação invejosa. Quando Vera se torna moça, com treze anos, a mãe se põe a acusá-la violentamente de buscar agradar seus amigos [da mãe]. O pai é descrito como estudioso e apagado, amante dos livros, tendo abdicado de toda autoridade na casa.

"Com mamãe, eu precisava ser... olhe, como você aqui (!): eu sempre precisava escutá-la. Ela falava dela o tempo todo. Sempre foi assim". Já vemos aqui o quanto Vera tende a assimilar-se espontaneamente a sua mãe.

Como paciente, deu prova de uma espécie de zelo que consistia notadamente em não deixar nenhum instante de silêncio. Seus sintomas bulímicos desaparecem; ela toma gosto em se ocupar de seu físico, que ela sabia tornar muito sedutor. Ela vai me informar, depois de alguns meses, que começou uma relação íntima com um novo funcionário da empresa em que trabalha; evoca a troca deles como, desta vez, fazendo-a feliz, a ponto de decidirem se casar no fim do ano. Não duvido de que essa aptidão nova diz respeito a um *efeito de transferência* (fixação do perigo devorador em mim) e espero a continuação...

A mãe se apoderou dos preparativos da festa de casamento, colocando nela todo o seu amor-próprio, e Vera tem que lutar contra essa absorção. Ao final de um fim de semana na casa dos pais, é tomada por um frenesi bulímico. Ela se espanta com "esse retorno, enquanto ia tudo tão bem para mim". Seu questionamento doloroso não deixa de evocar a piada bem conhecida do louco que se tomava por um grão de trigo; curado por um psiquiatra, sai do asilo, mas para voltar imediatamente, correndo: *ele* sabe muito bem que não é um grão, mas *eles*, os pássaros, talvez não o saibam...

Ela associa com lembranças penosas de sua infância: quando sua mãe freqüentemente *esquecia* de vir buscá-la na saída da escola primária. Experimentava então como que um terrível *abandono*; ela o chora ainda hoje.

Eu a faço notar que evoca uma causa de abandono diferente daquela de que me falou até então e que sobrevinha quando sua mãe a levava a aulas de dança. Esta atividade foi enormemente investida por sua mãe, que se virou para ocupar função de secretária, assim assegurando sua presença constante em todas as aulas de sua filha! As voltas para casa juntas invariavelmente levavam a dilúvios de lágrimas da pequena Vera, sob o fogo das críticas e admoestações da mãe. Digo-lhe então que ela evoca duas circunstâncias inversas de desencadeamento de sua tristeza.

Ela docilmente se dá conta da minha observação (segundo seu hábito), observando que havia da parte de sua mãe como que uma *alternância* de abandono e coação. Ela me diz que sua mãe lhe dava a impressão de "buscar devorá-la" (*sic*), mas que, ao mesmo tempo, parecia sempre ocupada com "pessoas mais interessantes que eu" – tanto quanto ela a acumulava de críticas quando esquecia a hora. "Ah! eu a odiava então, você não pode imaginar. E ela fazia pouco de mim". Era preciso, entretanto, "ficar sob os cuidados dela: eu de jeito nenhum me considerava uma pessoa independente". Vera sentia então um terrível desejo de *punir* a mãe fazendo-se mal; sonhava sofrer um acidente na rua. Pensa que sem dúvida era um objetivo de sua anorexia.

Todavia, deixa entender que teria infligido uma violência maior à mãe voltando tranqüilamente para casa do que sofrendo um acidente – o que lhe era manifestamente mais fácil de imaginar. Decido comunicar-lhe essa impressão.

– "Sim, eu ardentemente sonhava sofrer um rapto. Para levá-la a reconhecer o absurdo de sua atitude para comigo, forçá-la a me pedir perdão. Eu chorava tanto de tristeza – pelo abandono – quanto de raiva de me mostrar tão fraca. Nossas demandas eram sempre ridículas, derrisórias, aos olhos dos pais".

– Os dois?

– "Sim, nesse aspecto mamãe e papai se entendiam bem, para fazer pouco caso de nós. Não éramos pessoas".

Ex-sistir ao domínio parental

Começamos então o segundo ano desse tratamento e Vera parece decididamente progredir no sentido de um franqueamento que lhe permite mais satisfações pessoais. Ora, eis que, depois de seu casamento civil, e pouco antes da cerimônia religiosa (prevista para o período de Natal), ela repentinamente me fala de reduzir suas sessões: quer passar para duas sessões semanais.

"Parece-me que agora posso fazê-lo, que agora sou capaz", me declara ela – um pouco como se se tratasse de um empreendimento de desmame.

Decido dizer-lhe, no final da sessão seguinte, que não me parece desejável reduzir nesse momento a freqüência das sessões, que é importante que ela se mantenha nas condições ótimas para prosseguir seu trabalho de análise; que, mais tarde, chegado o momento, ela poderá ter em vista pôr fim a ele.

Vera recebe essa observação com uma ostensiva reserva e vai dar prova de uma certa hostilidade – muito discreta, mas inteiramente nova. Ela se dirá ferida pelo fato de eu não parecer considerá-la capaz. É um pouco, me diz ela, como se eu lhe significasse que era eu quem sabia melhor que ela...

– Ah, veja, como quem?

– "Sim, decerto, nisso você é como minha mãe!".

O casamento religioso de Vera coincide com uma interrupção das sessões durante as férias de Natal. Na retomada, ela me fala de um sentimento de *depressão* depois da *euforia* de seu casamento, em que ela se sentiu *preenchida*. "Agora", observa ela, "é como se eu experimentasse um 'baby blues' (*sic*), como depois de um parto". Ela teria preferido passar os dias seguintes ao casamento em lugar diferente da casa dos pais de seu marido... Eles têm, diz ela, "uma tendência a nos infantilizar. De fato, com eles, me irresponsabilizo".

E engata: "Antes, quanto morava com meus pais, me dizia que mamãe podia explodir de uma hora pra outra, ou desabar. Ela podia desencadear uma cólera contra nós, e eu sabia que eu não podia contar com meu irmão ou com minha irmã, certamente também não com meu pai – só podia contar comigo. Tinha na época a impressão de ser a única responsável, então tentava prevenir, antecipando: eu me deprimia como se já estivesse repreendida".

– Auto-repreendida preventivamente?

– "Sim, para me estressar a fim de estar pronta para agir. Tinha na época a impressão de ser a única responsável".

"É como a propósito de ter um bebê, gostaríamos de tê-lo. Mas aí eu me comporto como se só dependesse de mim! Sou assaltada pela idéia de não ser capaz. Os problemas são fundamentalmente para mim e só podem vir de mim. Tenho necessidade de fazer tudo depender de mim".

– Como que passamos facilmente da incapacidade à onipotência...

– "Constantemente tenho a impressão de não ser senhora de meu corpo. De fato, tenho a impressão de ser habitada por um corpo estranho; por exemplo, se minhas regras não chegam no momento esperado... É um mau começo, quando se quer um bebê, dizer que só depende de você. Isso é mau augúrio para depois: possessividade materna ou então desvalorização. Tenho medo de rejeitar o bebê.

Adolescente, eu fazia um diário íntimo, era muito violento e eu logo o jogava fora".

– Como assim?

– "Sem dúvida, era uma rejeição de mim mesma, pois eu tentava ser sincera. Era muito mórbido, mas fazê-lo me aliviava – jogá-lo fora também".

– Como vomitar?

– "Sim. É mais intelectual, mas dá no mesmo. Agora eu de boa vontade voltaria a escrever, pois posso *viver* mais *no presente*".

No mês seguinte, Vera analisa sua relação de rivalidade com o irmão, preferido da mãe. Após o nascimento desse irmão, ela teria parado de comer durante vários dias (cerca de quatro anos). "Mais tarde, quando ele nos batia, na minha irmã e em mim, nossa mãe sempre o defendia. Foi muito recentemente que me dei conta de que mamãe só fazia alguma coisa boa pra comer quando ele estava lá".

Ela se vira então para levar seu marido a me pedir, para ele mesmo, uma indicação de analista, o que me parece impossível de evitar (impossível neutralidade).

Ora, no mês seguinte, Vera vai me anunciar que, já que não sou favorável à redução do número de suas sessões, ela acaba de tomar a decisão de interrompê-las. Descobriu uma especialista da bulimia que faz grupos de *week-end*; parece-lhe que presentemente lhe será suficiente para consolidar suas aquisições e não arriscar recaída. Tem muita vontade de tentar se comunicar assim, *com outros* (bulímicos); e adianta a idéia de que esse encaminhamento sem dúvida seria *incompatível* com o prosseguimento de sua análise comigo.

– Acha? Por quê? (Essa noção de *incompatibilidade* me parece conter uma chave).

– "É que há um problema bestamente material: a acumulação dos *dois* tratamentos seria muito caro para *nosso* orçamento".

Eu lhe enfatizo seu "nosso", pensando que uma terapia pode conter uma outra e lhe fazer concorrência (fraterna).

– "Ah, sim, não falei com você: meu marido encontrou a pessoa que você lhe indicou. Ele vai reencontrá-la... não sei. Não, para mim é outra coisa: parece-me que é muito esforço vir três noites por semana. Presentemente me sinto obrigada; *não estou certa de fazê-lo por mim*. Com você, sou a boa analisante. Isso me faz pensar no sacramento da confissão: adolescente, eu tinha zelos, me confiava, inventava pecados para mim! De fato, nunca compreendi o sentido desse encaminhamento".

– E aqui?

– "Não sei mais. Tem enormemente me ajudado a *existir*, mas agora me parece que há como que *uma armadilha* (*sic*). Você um dia me observou que eu nunca deixava silêncio em minhas sessões e que eu me punha a falar no segundo mesmo em que me deitava. É porque eu sempre me disse que *é meu papel* e que você está aí pra isso. Mas, de repente, não me pertenço mais. Eu me sinto *obrigada* a lhe falar de mim; é o que você me *pede*".

– Talvez você tema, ao se calar um pouco, *subtrair-se* de mim?

– "Seria como uma recusa... [primeiro breve silêncio!]. Ao menos nas minhas crises de bulimia *ninguém* intervém... embora... de fato é como se eu *devesse* comer. É como aqui: *devo* comer... ehh... falar!".

Eu lhe destaco seu lapso que ela fingiu ignorar.

– "A bulimia era como que o único espaço de prazer que eu tinha; uma tensão aliviada, depois do que eu relativizava o resto, os outros, tudo!... Em análise, de modo algum sou livre; tenho você muito em conta. Não tenho espaço de liberdade: o que o outro pensa é minha preocupação constante, mas nem por isso tenho verdadeiro interesse por esse outro, apenas me sinto mal em desagradá-lo.

Comecei minha bulimia quando descobri que minha vida era um verdadeiro *teatro*: que eu só buscava agradar, que eu era frouxa – por exemplo, ficando contente por não me defender, como uma santinha!

Ao passo que eu furiosamente tinha vontade de bater nas pessoas. Minhas amizades sempre tinham um começo idílico, e depois minha necessidade de existir era inconciliável e levava a uma ruptura".

Eu a faço observar como isso se reproduz aqui mesmo: inícios *idílicos*, com resultados espetaculares, e depois, agora, é-lhe preciso romper para existir.

– "Minha vida inteira é assim: aos pedaços... Há pessoas que me lembram muito mamãe, que me desapossam de mim".

– Diríamos que você encontra sua mãe um pouco demais aqui, então?

– "Sim. Como você fala pouco, sua imagem vem se impor e me impedir de existir, exigindo meu sacrifício. Eu queria saber como pessoas como eu podem sair disso. Sobre a bulimia, busco testemunhos, nos livros, mas...".

– Eles deixam você com sua fome.

– "Sim [ela ri]; é uma fome sempre insatisfeita. É justamente o interesse de uma situação de grupo em que se deve reagir deixando cair as máscaras. É por isso que estou tentada por esse grupo de bulímicos. A pessoa que vi me mostrou um vídeo em que pessoas testemunham. Isso me interessa. Mas ela se apresentou como A grande especialista, a pessoa que conhece toda a questão! [Silêncio...]. Ela me desaconselhou a prosseguir a análise aqui, dizendo que eu era muito frágil... [Silêncio] ainda é um discurso à moda da mamãe.

Por outro lado, você não parece ser contra minha vontade de ir ver essa experiência de grupo. Não sou honesta para com minha análise aqui: ela me transformou completamente. Sinto que enfim trabalho os verdadeiros problemas".

Oito dias mais tarde, ela me anuncia: "Meu marido e eu esperamos um bebê (*sic*). Estou louca de alegria. É muito bom. Meus pais levaram três anos pra me fazer. Houve primeiro uma falsa gravidez. Depois, eles diziam que eram os trabalhos forçados!...".

Ela declara agora querer prosseguir sua análise durante sua gravidez, a fim de se preparar para ser uma mãe "não muito má". Também decidiu ir ao próximo *week-end* de grupo para bulímicos.

Realizo então como a *armadilha* transferencial precisou se fechar de uma maneira fatal para o prosseguimento deste tratamento. Percebo presentemente, *só-depois*, que a questão para ela consistia, antes de tudo, em sair do domínio totalitário (materno) e que isso tinha que ser exercido através de minha própria aceitação de uma certa apassivação.

Ela dizia: "Em minha vida de família, nunca havia conselhos, apenas ordens; tive muita dificuldade em realizar que poderia ser diferente na minha vida relacional de hoje em dia" – no trabalho, notadamente.

Vera me surpreende ainda. Primeiro, anunciando-me a morte de seu feto, no início do segundo mês. Temo o contragolpe de um tal acontecimento mortífero, mas, depois de ter acusado dolorosamente o primeiro choque, ela parece mais aliviada por esse prazo que lhe foi dado viver antes de ter que se assumir como mãe; e depois, com um primeiro bebê morto, ei-la aqui, num certo sentido, *como sua mãe* – a própria Vera tendo nascido depois de uma falsa gravidez. E, de fato, Vera me deixará entender que agora pôde retomar isso com sua mãe, numa troca muito calorosa.

Nesse mesmo sentido, fiquei surpreso com o que Vera vai me dizer sobre a evolução das relações com seus pais. Com a mãe sobretudo, acaba de constatar que ela não tem tanta dificuldade de suportar que Vera afirme suas posições, seus gostos (a começar pelas condições da festa de casamento). Nos termos mesmos de "Pulsions et destins de pulsions [Os instintos e suas vicissitudes]", direi que Vera agora me parece ter conseguido perfeitamente instaurar um verdadeiro jogo de *retorno-inversão* nas suas relações com sua mãe; ambas parecem poder *trocar*, presentemente, os diferentes modos posicionais de satisfação – ativo/passivo, dominante/dominado –, encontrando aí um interesse.

Mas esse tratamento progrediu sobretudo através de uma capacidade suficiente da paciente de se representar e de verbalizar essa problemática que a mantinha cativa. É preciso dizer que a alienação de que ela sofria não chegava a obliterar nela a atividade fantasística.

Está aí o ponto de tropeço maior para muitos outros que não têm de cara essa atitude e dificilmente podem, por isso, encetar um tratamento padrão. Os pacientes portadores de sintomatologias comportamentais, psicossomáticas ou delirantes necessitam de que um processo terapêutico prévio se cumpra no sentido de lhes permitir se tornar *sujeito de uma fantasia*.

Temos que retomar essa questão crucial da formação da fantasia como etapa essencial da subjetivação.

3.
"Uma criança é espancada" – os três tempos da subjetivação da fantasia

Esse estudo publicado por Freud em 1919 vem manifestamente prosseguir o fio de sua teorização do destino das pulsões. Com o propósito de tratar da gênese das perversões, Freud de fato vai abordar a questão das modalidades da *subjetivação da fantasia*. Ele vem a descrevê-la como se efetuando através do *retorno* posicional; e é ainda o tempo de *apassivação* que ele identifica como decisivo para a apropriação subjetiva de uma capacidade de gozo pessoal. Embora o termo *sujeito* não apareça mais como tal, essa obra de Freud se propõe descrever as etapas da apropriação fantasística de um representante pulsional (no caso, o sadomasoquismo).

É espantoso constatar que esse texto é construído segundo o mesmo esquema de "Pulsions et destins de pulsions [Os instintos e suas vicissitudes]" (1915). Com efeito, uma primeira parte (capítulos 1 a 3) se prende a descrever as três distribuições posicionais sucessivas dos protagonistas do enredo de fustigação, de maneira a atingir o alcance de um modelo generalizável; depois do que, numa segunda parte (capítulo 4), Freud examinará esse mesmo processo do ponto de vista da economia libidinal, com a *demanda de amor* que pode aí se apresentar; uma terceira parte desenvolve, por fim, a preocupação de Freud referente à gênese das *perversões* (capítulos 5 e 6). Aqui só me interessarei pela primeira parte desse texto complexo, a que descreve a sucessão dos posicionamentos subjetivos em causa.

Freud se ocupa inicialmente, então, de evidenciar a pluralidade dos sujeitos que intervêm como protagonistas no roteiro que ele examina. "Sobre essas fantasias precoces e simples", diz ele, "gostaríamos de aprender mais: *quem* era a criança espancada? O próprio *autor* da fantasia ou uma *outra* criança? *Quem* batia na criança? Um adulto? Mas *quem*, precisamente? [I]" (p. 221). Vê-se então aparecerem diversos equivalentes-sujeito (que eu destaco); mais adiante Freud empregará o termo *alguém* e, por fim, o pronome pessoal eu [*je* (*ich*)].

É do material de quatro de seus pacientes – entre os quais sua própria filha Anna, assim como Georges e Sylvie Pragier (1993) muito oportunamente lembraram – que Freud tira a descrição de um fenômeno típico em três tempos.

1. Ele primeiro evoca uma frase primeira da representação de fustigação que situa "na primeiríssima infância" (p. 224) e que tem como característica que "a criança espancada nunca é a mesma que o autor da fantasia; regularmente é uma outra criança, na maioria das vezes um irmãozinho ou uma irmãzinha, quando existem [II]".

Nessa fase, "a fantasia certamente não é masoquista", *julga ele*; "ficaríamos tentados a qualificá-la de sádica, só que não podemos negligenciar o fato de que a criança autora da fantasia também nunca é aquele que espanca [III]".

Este é um adulto, o qual se verifica rapidamente não ser outro que o pai da garotinha. Esse primeiro estado do roteiro pode, então, ser formulado da seguinte maneira: *o pai espanca a criança*. Três sujeitos intervêm assim na questão: o (adulto) que é o *agente* da ação de espancar, o (a outra criança) que *se faz* espancar e, por fim o (o paciente-criança) que *representa* para si a cena. Estão aí três modalidades possíveis de participação subjetiva num roteiro.

I Tradução brasileira: "No que diz respeito às fantasias simples e primitivas [...], seria necessário maior informação. Quem era a criança que estava sendo espancada? A que estava criando a fantasia, ou uma outra? Era sempre a mesma criança, ou às vezes era uma diferente? Quem estava batendo na criança? Uma pessoa adulta? Se era, quem?".

II Tradução brasileira: "um período muito primitivo da infância. [...]. A criança em que estão batendo não é jamais a que cria a fantasia, mas, invariavelmente, outra criança, com mais freqüência um irmão ou uma irmã, se existem".

III Tradução brasileira: "a fantasia, então, não é certamente masoquista. Seria tentador chamá-la sádica, mas não se pode esquecer o fato de que a criança que cria a fantasia não é a que bate".

Freud sente aqui a necessidade de antecipar quanto à segunda parte de seu trabalho, a que versará mais sobre o conteúdo imaginário ligado à problemática do amor, com suas significações conflituais. "Revelo uma grande parte do conteúdo que deverá ser desvelado mais tarde, ao dizer, em lugar da frase precedente: o pai espanca a criança odiada por mim" [IV].

Ele então situa uma questão essencial, a de saber "se já se deve reconhecer o caráter de uma fantasia ao que ainda é apenas a fase preliminar da fantasia de fustigação ulterior [V]". Talvez ainda estejamos lidando, se pergunta ele, com *lembranças perceptivas* ainda não organizadas numa verdadeira fantasia? Vemos que Freud se prende a uma dúvida metódica no que diz respeito ao fato de esse primeiro estado representativo da cena poder ser já considerado como uma fantasia constituída (subjetivada) no psiquismo[1]. É precisamente ser *sujeito da fantasia* que Freud se prende a não considerar como adquirido nem, sobretudo, como indo por si só nesse estágio – de onde o modo indefinido da fórmula que ele emprega: *uma criança é espancada.*

2. É que grandes transformações posicionais devem ainda, avalia ele, se realizar para chegar ao dispositivo fantasístico. Ele concebe uma segunda fase em que "a pessoa que espanca continua a mesma, o pai, mas a criança espancada se tornou outra criança: regularmente é a própria pessoa da criança autora da fantasia" [VI].

[IV] Tradução brasileira: "Estarei denunciando uma grande parte do que será exposto depois, quando, em lugar disso, disser: 'O meu pai está batendo na criança *que eu odeio*'".

[V] Tradução brasileira: "Pode-se, ademais, hesitar em dizer se as características de 'fantasia' podem ainda assim ser atribuídas a esse primeiro passo no sentido de uma posterior fantasia de espancamento".

[1] Aqui há matéria para relançar o exame da noção de *fantasias ditas originais.* Esta expressão me parece inclinar-se de maneira infeliz para a idéia de um dado "natural" e até de uma produção de algum modo "endógena" da fantasia. Aliás, o debate sobre essa questão não deixa de lembrar aquele sobre os *sonhos típicos.*

[VI] Tradução brasileira: "É certo que a pessoa que bate continua a ser a mesma (isto é, o pai); mas a criança em que está batendo transformou-se em outra e torna-se, invariavelmente, aquela que produz a fantasia".

Isso atinge então "um alto grau tingido de prazer e se enche de um conteúdo significativo cuja dedução nos ocupará mais tarde" [VII]. Freud explicita assim esse segundo estado do roteiro: "Eu sou [*serei*] espancado por [*meu*] pai" [VIII]. O aparecimento do eu [*je, ich*] vem dar conta da implicação pessoal nova – o que certamente não deixa de evocar seu famoso "Wo es war, *Soll ich werden*"...

A cena adquiriu agora, julga ele, um caráter indubitavelmente *masoquista* – pelo menos é assim que ele não pode evitar de designar a apassivação. Mas ele qualifica essa segunda fase à qual ele confere um papel chave no processo de subjetivação de *virtual*, no sentido de que nunca "teve", pensa ele, "existência real [...] de modo algum é rememorada [...]. Ela é uma construção de análise, mas não deixa de ser uma necessidade" [IX]. Plenamente na linha de "Pulsions et destins de pulsions [Os instintos e suas vicissitudes]", Freud vê na conjunção de um *retorno* para o corpo próprio e uma *apassivação* do objetivo pulsional a modalidade específica da apropriação subjetiva.

3. Por outro lado, a terceira fase nos é diretamente conhecida, diz Freud, pois nos é explícita através do discurso do paciente, no material das sessões. Seu dispositivo posicional (tópico) se une à primeira, exceto que "a pessoa que espanca nunca é a pessoa do pai", fica vaga ou então é um substituto (professor). "A pessoa própria da criança autora da fantasia não reaparece mais na encenação fantasística de fustigação [X]". Os pacientes dizem apenas: eu olho. "Em lugar de uma única criança espancada, lidamos agora, na maior parte do tempo, com muitas crianças [XI]" e, na fantasia dos pacientes, são meninos. Freud insiste numa diferença essencial dessa fase

---

[VII] Tradução brasileira: "A fantasia é acompanhada por um alto grau de prazer e adquire, então, um conteúdo significativo, a cuja origem nos dedicaremos depois".

[VIII] Tradução brasileira: "Estou sendo espancada pelo meu pai".

[IX] Tradução brasileira: "jamais teve existência real. Nunca é lembrada [...]. É uma construção da análise, mas nem por isso é menos uma necessidade".

[X] Tradução brasileira: "A figura da criança que cria a fantasia não mais aparece nesta".

[XI] Tradução brasileira: "Em vez de uma criança sendo espancada, há agora, via de regra, várias crianças presentes".

em relação à primeira: "A fantasia é agora portadora de uma forte excitação que, inequivocamente, é sexual e, como tal, conduz à satisfação onanística [XII]".

E aí está justamente, para ele, a grande questão: "Por que caminho", pergunta ele, "a fantasia, doravante sádica, na qual meninos estranhos e não conhecidos são espancados, se tornou a posição doravante durável da aspiração libidinal da menininha? [XIII]" (p. 226). Não se poderia dizer melhor que o sadismo tomou doravante sua plena carga de subjetividade; e que a capacidade de ter se tornado fantasisticamente *sujeito* de disposições sádicas necessitou de um tempo prévio (segunda fase) de subjetivação masoquista. Freud sugere, então, que o sadismo subjetivado resultaria de uma posição masoquista (*apassivação*) vivida em fantasia e depois secundariamente projetada em outrem.

Através desse destino exemplar da fantasia de fustigação na menininha, com suas plataformas de apropriação libidinal, vê-se quanto seria errado confundir o processo de subjetivação com o da tomada de consciência. A terceira fase da fantasia vê esta ao mesmo tempo alcançar sua plena carga libidinal (pré-consciente) e adquirir uma dimensão defensiva mais marcada – com um *recalque* egóico que necessitaria, diz Freud, de todo um trabalho de análise. Não apenas, então, o sujeito da fantasia não deve ser assimilado à instância consciente, mas também nossa leitura de Freud nos incita a não confundir o reforço desse sujeito pulsional (animador e desconhecido) com a função integrativa-defensiva do eu.

A implicação do sujeito pulsional na fantasia

Podemos definir a fantasia como o colocar em representação psíquica uma *relação* na qual o sujeito se encontra implicado. Michèle Perron-Borelli

---

[XII] Tradução brasileira: "a fantasia liga-se agora a uma forte e inequívoca excitação sexual, proporcionando, assim, um meio para a satisfação masturbadora".

[XIII] Tradução brasileira: "Por que caminho a fantasia de meninos estranhos e desconhecidos sendo espancados (uma fantasia que, nessa altura, tornou-se sádica) impôs-se à posse permanente das tendências libidinais da menina?".

(1997) sustenta inclusive que essa relação é necessariamente *uma ação* – o que se liga a minha proposição sobre a transação pulsional. Mas convém lembrar que *nem toda imagem é fantasia*: que alucinar, por exemplo, não é suficiente para constituir uma relação fantasística em que se esteja implicado como sujeito. Nesse sentido, a reconstituição minuciosa de Freud do caso do Homem dos Lobos (1918) apresenta apenas uma aparente discordância com "Pulsions et destins [Os instintos e suas vicissitudes]", cuja redação foi quase contemporânea; porque o que anima, em última análise, a busca de Freud quanto a esse paciente é justamente a reconstituição de *traços perceptivos em carência de fantasiação* (sem dúvida, é dessa carência mesma que padecia a paciente).

Emitirei uma reserva quanto ao fato de que a afirmação de Michèle Perron-Borelli acaba por fazer coincidir construção da fantasia e subjetivação. Parece-me, com efeito, que a *representação figurada* (da relação entre si mesmo e o objeto) não constitui a totalidade do processo de subjetivação, ainda que, é claro, ela lhe confirme o pleno estatuto de realidade psíquica. Insisti no fato de que a subjetivação tinha nascimento nas trocas pulsionais com o outro parental, implicando retornos-inversões sobre os quais podemos pensar que se instauram e se inscrevem antes que a pessoa própria seja capaz de constituir para si uma representação figurada dela mesma. Acrescentarei, desse ponto de vista, que a *representação cenestésica* (sensação de seu corpo no espaço) verdadeiramente precede a figuração visual global de si – o que se une aos trabalhos recentes de Claude Le Guen sobre a importância das "representações motoras".

Aqui se manifesta uma dificuldade referente ao uso do termo *objeto* em psicanálise (ao qual voltaremos no capítulo 8, a propósito da sublimação). Com efeito, é irredutível a distância entre o objeto obscuro da pulsão (*a Coisa* de Freud) e o objeto corporal que o vem re-presentar na fantasia para ser representável como protagonista na fantasia (como, aliás, no sonho).

Disso Lacan tenta dar conta numa fórmula – $ ◇ a – sobre a qual podemos observar que não deixa de ser paradoxal, já que, precisamente, nenhum desses três termos – nem o punção ◇, que simboliza a relação (ou interação), nem o sujeito, $, nem o objeto *a* – tem, como tal, figuração espaço-temporal! De modo que tanto o sujeito quanto o objeto (a) só podem ser representados indiretamente, por substitutos imaginários.

Na lógica do que foi apresentado até aqui, temos lugar para pensar que a subjetivação propriamente dita se anuncia bem antes da aquisição de uma imagem figurada (globalizante) de si. A construção da fantasia equivale, então, a *traduzir* em termos figurativos (ou cenestésicos ou acústicos) o que pôde ser experimentado nas interações pulsionais fundadoras. Mas essa tradução pode ser *transformadora*, chegando a inverter o vivido perceptivo inicial.

Em alguns casos extremos, certas fantasias aparecem como tentativas desesperadas que buscam subjetivar uma relação fundadora impossível de viver[2]. É notadamente o caso das *fantasias de auto-engendramento* que alguns esquizofrênicos constroem como compensação do déficit simbólico que os habita. Um outro exemplo célebre é dado através da narração autobiográfica do *presidente Schreber* (Freud, 1910), no qual se vê como uma atividade fantasística pode se esforçar por substituir a experiência delirante, com o objetivo de tornar mentalmente *tratável* o que parece ter sido um real (impossível): uma relação desumanizante (assassinato da alma) com um pai torturador.

Pensamos também no esforço obstinado de Freud para reencontrar certos traços perceptivos em seu paciente Homem dos Lobos – cujo desamparo resultava precisamente de uma certa carência em se implicar numa fantasística de *cena primitiva*. A famosa fantasia da cena primitiva sobre a qual Freud desde então colocou o acento traduz exemplarmente a modalidade segundo a qual cada sujeito particular deve, por sua própria conta, figurar a própria relação na qual lhe seria dado conceber seu próprio engendramento.

A fantasia narcísica primária

A essa noção da construção da fantasia parece opor-se a de *fantasia narcísica primária* tal como Freud a evoca ao mesmo tempo que introduz o

[2] Assim pensamos no caso apresentado por Catherine Chabert em seu co-relato (1999) em que *La Répresentation de l'enfant mort* vem dar matéria a um trabalhar interpretativo, retomado na interação transferencial do tratamento, da relação inicial que se pode supor carregada de vivido mortífero.

narcisismo (1914) e pela qual ele prossegue a idéia que lhe é cara, a de um auto-erotismo primeiro. Essa fantasia narcísica primária é descrita como uma sensação impressa de si mesmo, de suficiência todo-poderosa e de harmonia com o mundo (pensamos na fantasia de Lamartine no lago).

Efetivamente, é interessante examinar se um tal estado fantasístico seria capaz de contradizer as considerações teóricas precedentes. Quanto a isso, farei várias observações.

Primeiro, temos alguma razão de considerar que essa fantasia narcísica primária escaparia à regra, comum a toda fantasia na psique, de se organizar *só-depois* das interações pulsionais primeiras agidas ente o bebê e sua mãe.

Dito isto, é uma fantasia que apresenta uma característica particular: a de *confundir* os protagonistas da interação pulsional primeira. Com efeito, a criança se atribui a potência que lhe foi dado perceber da parte do parental – notadamente no tempo de *apassivação* da satisfação pulsional (se fazer olhar, tomar nas mãos, etc).

Aparece, no entanto, que a fantasia narcísica primária respeita uma disposição sujeito/objeto, com a condição de considerar que o objeto não é outro que o próprio *eu* [*moi*] – no caso, um eu *nascente* e que engloba como tal a potência percebida do protagonista parental.

Poderíamos chegar a observar que é na gama das fantasias ditas *narcísicas* que melhor pode se manifestar uma certa distância entre sujeito e eu, este último simplesmente tomando lugar de objeto na relação fantasística.

A necessária descompletude do outro parental

Voltemos agora ao fato de que o sujeito pulsional é fabricado em interação com a resposta pulsional do outro parental. Essa resposta constitui de fato uma forma de implicação desse outro e supõe, digamos, uma certa *confissão* (contrário do desmentido[XIV]) de sua parte. Com efeito, nos casos favoráveis, o parental manifesta precisamente a maneira como pode

---

XIV Traduziremos, sempre que possível, *désaveu* por "desmentido". Em alguns casos – como o da forma verbal –, traduzimos por "desabonar", indicando entre colchetes o uso da mesma palavra/raiz em francês. (NT)

suportar ser desejante, isto é, sua relação subjetiva com o fato de se experimentar falto de alguma coisa. Evoquei, em outro lugar (Penot, 1989), essa característica do sujeito nascente, a de implicar a colocação em jogo de uma *descompletude da mãe* – a partir do fato de que, no início, ela é imaginada como *toda provida* pela criancinha (como a famosa Ártemis dos Efésios). Voltaremos, no capítulo seguinte, a este fato fundamental de o sujeito nascente dever suportar a percepção de uma descompletude infligida ao genitor por sua ex-sistência (com a desligação que ela implica). Mas uma tal aptidão de sua parte vai depender, em grande parte, da capacidade do parceiro parental de viver uma tal *subtração* sem que isto constitua para ele/ela um trauma narcísico maior que suscite de sua parte uma retirada de amor.

Vimos que era precisamente o que Vera (capítulo 2) durante longo tempo havia acreditado impossível obter de sua mãe. Agora, a história terapêutica de uma adolescente difícil tratada em instituição vai poder ilustrar a função chave de uma tal capacidade parental a fim de permitir o ultrapassamento de um impasse geracional.

4.
As infelicidades de Sophie ou o *mau sujeito* a advir

Hoje em dia, freqüentemente lidamos com sintomatologias ditas de *comportamento* que dão a impressão de uma espécie de drama re-presentado indefinidamente. Em muitos adolescentes, notadamente, suspeita-se um determinismo psíquico que o jovem em questão não chegaria a subjetivar num discurso pessoal, mas apenas em atos. O psicanalista se encontra colocado na situação paradoxal de *não poder contar com o discurso próprio do jovem* para lhe fornecer as chaves da alienação de que ele manifestamente padece.

O reencontro da fala comum entre um paciente e seu psicanalista se verifica aqui pouco apto no início a fornecer um apoio para sair disso. É o caso dessas dificuldades correntes que se reagrupam sob o termo específico de *fobia escolar* e que geralmente levam o adolescente a nos fornecer um discurso vagamente racionalizante ou fabulatório, sem nenhuma apreensão efetiva quanto ao que pode entravá-lo como sujeito.

É precisamente essa insuficiência da troca verbal que torna indicado abordar tais jovens num quadro institucional. Mas que quadro seria apto a favorecer o advento de uma fala verdadeira, a operar a extração desse "mau sujeito[1]" ao lhe dar os meios de subjetivar seus comportamentos, ao torná-

---

[1] J. Lacan qualifica o sujeito pelo qual se interessa a psicanálise de "mau sujeito do desejo e de suas imposturas" – mais ou menos reprimido como tal, recalcado, até foracluído; e que ele opõe ao "bom sujeito do conhecimento filosófico, aquele que encontrava no objeto um status de toda confiança" (em *Écrits*, p. 716 [A tradução brasileira, *Escritos*, registra na margem a paginação do original francês; utiliza-se aqui a tradução brasileira (NT)]).

lo capaz de dar conta deles? A experiência das patologias ditas "comportamentais" ensina ao psicanalista sobre o interesse de apoiar sua prática num quadro gerido de maneira a trazer ao menos duas condições essenciais.

Devemos fazer de maneira a que o desamparo do jovem paciente se veja acolhido num verdadeiro *lugar para viver*, isto é, um lugar possível de trocas pulsionais efetivas, ao mesmo tempo que um lugar "transicional" em que o jovem encontre resposta para suas tentativas de enganchamento pulsional. Não se trata de um lugar em que se distribuem intervenções técnicas sob forma de sessões diversas, individuais ou de grupo, tão freqüentes quanto sejam; mas de um meio cuja finalidade é permitir, através da experiência vivida juntos, o *nascimento de um discurso mútuo.*

Uma segunda condição logo se impõe como corolário da precedente: é que tomar o encargo do jovem se articula com *uma prática concomitante de seu meio familiar*. Para isso, é bom que o trabalho de troca e de colocação em fala se faça regularmente entre a família e os terapeutas mais diretamente engajados quotidianamente nas trocas com o adolescente (seus *referentes*, como se chama).

Com efeito, isso se verifica como a condição mais apta a permitir a colocação em discurso de uma experiência vivida juntos, através mesmo de sua repetição no atual. É, com efeito, através do que se pode formular da experiência vivida no atual que se poderá melhor retomar os registros traumáticos mais ou menos ocultos da história familiar – de acordo com o modelo da *transferência* no tratamento. Assim fazendo, temos que levar a sério *a repetição agida* enquanto manifesta um agente pulsional carente de subjetivação pelo fato de uma relação significante defeituosa no início.

O caso Sophie

A história do tratamento de Sophie pode ilustrar como o advento de um sujeito de discurso necessita de que o enganchamento pulsional (agido) obtenha uma resposta suficientemente significativa do outro parental – já que a simbolização permaneceria defeituosa.

Essa adolescente de aspecto agradável nos foi encaminhada com treze anos por distúrbios graves da conduta aparecidos desde a escola maternal, com uma recusa do enquadre e múltiplas passagens ao ato muito perturbadoras. Falava-se dela como de um estado *psicótico* da infância, sem déficit intelectual. Esforçando-me para reconstituir a história muito movimentada dos anos precedentes, descobri que, após ter efetuado fugas e se ter colocado fisicamente em perigo de diversas maneiras, Sophie foi colocada num internato do sudoeste da França. Essa colocação foi decidida subseqüentemente a uma iniciativa muito estupefaciente da parte dela: teria ido vender por alguns francos, a diversos vizinhos, todos os objetos que seus pais haviam recebido como presente de casamento! Era demais para a família e a colocação ocorreu, com um efeito antes positivo durante o primeiro ano, durante o qual Sophie teria seguido quase que um CM2 [último ano do curso primário]. Mas a passagem para o sexto ano, numa escola vizinha do internato, traz novas turbulências, chegando a uma ocupação dos telhados, com a ameaça de se lançar no vazio. Ela foi, então, reenviada a seus pais, não sem ter agredido um educador.

Quando recebo Sophie com treze anos, seus pais estão completamente desamparados, excedidos pelos acontecimentos que não param de se precipitar. Também há o fato de que Sophie não pode dormir sozinha; é preciso que cada um dos membros de sua família, se revezando, venha lhe fazer companhia na cama – certamente a mãe, quando está presente (enfermeira, ela realiza plantões noturnos), ou o pai, ou ainda o irmãozinho (e o gato). Sophie parece efetivamente ter, durante a noite, fenômenos alucinatórios de tipo visual, mas é muito difícil fazê-la precisá-los, tomando seu discurso imediatamente a aparência de um fluxo imaginário transbordante, extremamente flutuante, não informativo.

Todavia, ela recentemente teria falado, ao colega que no-la encaminha (e a acompanha ainda em dispensário), da imagem de "um homem mais para o velho" que lhe ordenava fazer coisas maldosas, ou sexuais... Reencontraremos isso mais tarde.

Os pais de Sophie são originários de uma mesma cidade do centro da Itália, noção que contrasta com o aspecto extremamente diferente de um e do outro. A mãe é fina e loura, de uma contenção algo misteriosa; domina a troca durante as entrevistas, reduzindo o pai (muito negro de pele) a uma presença malograda, abstendo-se de consultá-lo quanto às decisões. Os pais de um e do outro vieram se instalar na região parisiense no pós-guerra.

Expusemos a indicação de um encontro mensal que reunirá, então, durante três anos, Sophie, seus pais, o psiquiatra que sou e o casal (psicólogo e educador) *referente* de Sophie no hospital-dia. O pai estará fisicamente presente, mas não parece ter opinião; levaremos quase dois anos para estabelecer uma colaboração com ele. Com efeito, parece admitido na família que a educação de Sophie esteja inteiramente sob a alçada da mãe.

Esta manifesta uma espécie de conivência com os malfeitos de sua filha, dando a impressão de uma *sedução narcísica*. Desabona [*désavoue*] as tentativas de intervenção do pai, que ela julga brutais. Quanto a Sophie, despreza abertamente seu pai. Acontece-lhe injuriá-lo em sessão, a ausência de reação dele obrigando-me a intervir. Além do mais, ela participa ativamente do que parece um *ciúme* da parte desse pai.

A mãe aparece como muito sedutora, com efeito, mas sob o modo *bela indiferente*, mostrando-se sempre como que espantada por ouvir falar da atração que exerceria sobre os homens; como se não compreendesse... Na casa, Sophie intercepta cuidadosamente os telefonemas destinados a sua mãe, provenientes, parece, de colegas enfermeiros. Temos, por outro lado, a noção de um comportamento sexual brutal de seu marido, que de alguma forma devia violar sua mulher, com o conhecimento e sob a visão dos que moram na casa.

A impressão que se impõe a nós não é, no entanto, a de uma discordância entre os pais – como é tão freqüentemente o caso em nosso trabalho com famílias –, mas, antes, a de uma espécie de um *parentesco incestuoso*, que causa confusão.

Quanto à própria Sophie, ela vai se mostrar mais para o *sociável* no hospital-dia, embora de maneira intempestiva e manipuladora, tanto com certos adolescentes sobre os quais atira seu devido quanto com os adultos, cuidadores e professores. Estes últimos ficam desconcertados com o contraste entre sua inteligência manifesta e a impossibilidade de continuar com ela um trabalho qualquer no nível da fala ou do escrito.

Sempre se encontra envolvida, de uma maneira ou de outra, nos atos delituosos cometidos no Cerep: pequenos *rackets*, roubos, provocações visando colocar algum outro em perigo. Sophie se mostra afetada pelo que lhe acontece e se defende com uma veemência que comporta sua dose de má fé. Seu interesse pelas coisas sexuais é vivo, mas ela quase não se implica fisicamente, antes parasitando as trocas dos outros.

É sobretudo na ocasião dos projetos de férias que poderemos melhor apreender com os pais certas características de suas respectivas famílias. O estatuto dos homens se verifica paradoxal: ao mesmo tempo dominadores no plano manifesto (a mãe conta como as mulheres se vêem relegadas à cozinha enquanto os homens se acampam à mesa), eles no entanto se mostram enfeudados no discurso delas quando se trata de uma decisão referente notadamente aos filhos.

Além do mais, a mãe explica que é a única de sua fratria a haver feito estudos secundários (ela é enfermeira diplomada do governo). Durante sua juventude na casa dos pais, teve que garantir essa tarefa, reservada aos filhos de imigrantes, de preencher os papéis civis e inclusive de fazer as contas. Ela descreve duas de suas irmãs como analfabetas e talvez débeis (uma delas é epilética).

Pouco a pouco iremos obtendo dessa mulher algo *distante* uma melhor implicação, ao mesmo tempo que um acerto mais efetivo entre os pais. Durante o segundo ano no hospital-dia, a tensão, na casa, entre Sophie e seu pai, que começa a se declarar descontente e pretende opor-se a certos excessos, vai se tornar mais explícita. Ele ameaça expulsar sua filha se ela não respeitar certos horários. Nas nossas entrevistas, ele busca um apoio com os cuidadores, ao passo que a mãe parece se desimplicar atrás de sua competência de enfermeira. Esse tomar distância parece ainda mais desconcertante, porque Sophie está indo muito pesado nesse momento, por exemplo roubando o cartão de crédito de sua mãe, ou apoderando-se, no quarto dela, de numerosas coisas, roupas ou calçados, que esta coloca debaixo da cama. A família atinge aqui o limite crítico de um regime relacional que Paul-Claude Racamier designou como *incestual*, com uma porosidade e um arrombamento permanente do espaço de intimidade de uns e de outros.

No entanto, as dificuldades de sono de Sophie desapareceram, doravante pode vir sozinha de Metrô e sair com amigos sem malfeitos particulares. Ela se tornou uma moça muito bonita, cuidada, embora inquiete alguns cuidadores por sua magreza. Fala de se tornar esteticista. Como praticamente parou de freqüentar os cursos adicionais acordados por ela no Cerep, começamos a nos perguntar, nesse fim de segundo ano, se não valeria mais se contentar em acompanhá-la em *pós-tratamento* no ano seguinte, com estágios profissionais fora.

Nesse meio tempo, suas férias de Páscoa na Itália vão servir como reveladores. Tendo viajado sozinha com seu avô paterno para sua cidade de origem (tendo a avó se recusado a ir junto), Sophie vai se encontrar praticamente seqüestrada por seu avô, a pretexto de desentendimentos familiares. Disso ela nos faz na volta um relato muito intenso, contando também falas debochadas do avô referentes à mãe de Sophie, que ele teria declarado querer *trepar* na próxima oportunidade...

A confissão parental

Durante a entrevista com a família subseqüente a esse retorno de férias de Sophie, seu pai vem a nos confirmar, com um ar bastante entediado, que seu próprio pai "pode perfeitamente se comportar assim em família". Uma tal validação da fala de sua filha, que vem depois de outras menos importantes, vai operar no sentido de conferir a esta uma aptidão crescente para se apresentar como *sujeito* de seu discurso e de suas iniciativas.

Mas um fenômeno mais surpreendente vai se produzir. O pai repentinamente nos declara, com um sorriso embaraçado, que, no que lhe diz respeito, *não há nenhuma espécie de lembrança de sua própria infância, nem mesmo de sua adolescência*. Sua primeira lembrança data, diz ele, dos dezessete anos!... Realizamos então, juntos, que é a idade em que começou sua relação com a mãe de Sophie.

Durante os meses subseqüentes e até as férias de verão, vai se confirmar que o discurso de Sophie está adquirindo uma consistência mais pertinente – embora naturalmente impertinente. Sua palavra adquire peso, ela intervém de modo positivo nas discordâncias entre jovens no Cerep. Ela se propõe fazer um trabalho com uma psicopedagoga sobre a genealogia de sua família e começa também um trabalho individual na matemática.

Na nossa reabertura, iremos ficar surpresos por saber que Sophie foi capaz de efetuar um estágio durante o mês de julho na garagem em que seu pai trabalha. O patrão do pai se declarou contente com ela; não houve incidente. Ficamos sobretudo espantados ao constatar a transformação notável da relação pai-filha: esse homem parece doravante capaz de apoiar a filha em suas ações positivas, enquanto esta parou de denegri-lo e humilhá-lo. É forçoso constatar que a *confissão* desse pai, na presença de sua mulher e de sua filha, trouxe consigo uma mutação da relação imaginária nesta. Digamos que uma *fala verdadeira, afetada*, da parte desse homem, em forma de autoconfissão de sua infância traumática, parece haver suscitado o respeito de sua filha ao mesmo tempo que uma corrente identificatória possível.

Viveremos com Sophie um terceiro ano no Cerep, comportando sobretudo a experiência de novos estágios (ela trabalhará em horário integral, durante vários meses, numa casa de repouso, depois numa clínica), assim como uma iniciação ao trabalho de secretariado. Mas o benefício vai se verificar sobretudo apreciável no que se refere à qualidade de expressão pessoal de Sophie, assim como a sua aptidão para se implicar em relações de amizade com jovens.

O relato sucinto desse tratamento em instituição pode ilustrar como, a partir de uma patologia essencialmente comportamental, violenta, e de uma *fala vazia* incessantemente extraviada no prosseguimento frenético de uma *descarga*, a experiência comentada no cotidiano pôde permitir a consolidação de um discurso que dá conta da neo-história vivida juntos. Os encontros regulares permitem a fabricação de um discurso *mítico* comum, com uma colocação em imagens e em discurso que assegura uma *ligação* durável de percepções traumáticas agidas na família. Um tal trabalho de conexão significante, dando conta ao mesmo tempo da interação pulsional em jogo, reforçou em Sophie uma *função sujeito* de sua fala e de seus atos.

Uma tal história terapêutica aparece, decerto, como muito distante das condições de um tratamento padrão. Todavia, é bastante representativa de um tipo de patologia cuja freqüência parece invadir hoje em dia nosso espaço social. Um trabalho como aquele sobretudo tem o mérito de lembrar ao psicanalista como uma atividade enlouquecida e dessubjetivada pode se tornar geradora de função sujeito a partir do momento em que tenha vindo enganchar uma *resposta em forma de confissão no outro parental* – resposta necessária de obter quando a fantasia não chegou a se subjetivar suficientemente no intrapsíquico.

No que se refere ao caso que nos ocupa aqui, não é surpreendente que a confissão decisiva desse pai, tal como foi recebida pela filha, como resposta carregada de afeto, tenha sido a de *uma falta – de algo de que ele havia padecido*. Resta que Sophie teve a chance de se beneficiar, da parte de seus pais, de um esforço participativo notável: cada um deles ultrapassou suas defesas narcísicas em forma de recusa de sua história traumática, para *se prestar* conosco a uma colocação em discurso que os implica como pessoas.

5.
Adolescência do sujeito freudiano

O propósito da presente obra, que visa à extração da função-sujeito enquanto pulsional, se nutre muito particularmente da clínica da adolescência. Essa idade da vida se inaugura precisamente, com efeito, pelo que proponho designar como uma *mudança de regime pulsional*, isto é, o fenômeno pubertário (Gutton, 1991) que consagra a ruptura manifesta com a infância.

Na prática, é a partir dessa etapa pubertária (fisiológica, então) que comumente se determina a entrada na adolescência; enquanto que, na outra extremidade, do lado da saída, será antes por critérios sociológicos que se poderá especificar que um jovem chegou ao estatuto adulto. É interessante constatar que cada termo desse duplo bordejamento limitativo da adolescência tem como característica se situar fora do campo próprio da psicologia! Por outro lado, o psicanalista poderá encontrar nessa constatação matéria para confirmação da oscilação entre, de um lado, a colocação em jogo de uma renovação pulsional em sua dimensão de *real* e, do outro, o advento do sujeito de novas trocas *simbólicas*.

Consagrada em parte aos adolescentes em grande desamparo subjetivo, minha prática me levou a ver na crise de adolescência o *modelo* de toda crise mutativa existencial. Pouco a pouco cheguei a observar, ao mesmo tempo, como, na maior parte dos tratamentos psicanalíticos de adultos, o enganchamento transferencial vinha precisamente começar ali onde o processo de adolescência do paciente viera a fracassar – no ponto de parada de seu desenvolvimento[1]. Sem dúvida as gerações de psicanalistas que nos precedem durante muito tempo desconheceram (apesar de Anna Freud) esse fato de que a *neurose infantil* de nossos pacientes adultos em análise só se dá a conhecer, afinal, através do remanejamento transformador que o processo de adolescência pode fazê-los conhecer...

No plano manifesto em todo caso, a própria crise de adolescência vai, antes de tudo, se traduzir num reviramento das referências "imaginárias". Inicialmente, com efeito, é o registro dos *apoios narcísicos* que se vê colocado em dificuldade pelo abalo produzido pela mudança de regime pulsional pubertário. No adolescente em sofrimento, *a imagem do corpo próprio* vai se encontrar abalada em primeiro lugar; mas essa entrada em crise vai implicar, ao mesmo tempo, uma desestabilização das *figuras ideais* que até então haviam podido ocupar lugar de referente imaginário para a criança; o adolescente também vai ter que fabricar outros.

J.-J. Rassial pôde dizer (1990) que "a adolescência é uma idade em que o imaginário conta" (mas haveria uma idade em que a representação do corpo não contaria?...). Nessa perspectiva, a clínica do *breakdown* winnicottiano, tal como é retomada pelos Laufer, fornece uma ilustração extrema da derrocada possível da representação narcísica de si. Resta que, mesmo em suas modalidades mais banais, a crise adolescente vai abalar o narcisismo num duplo nível.

Primeiro, o de uma mutação forçosa da representação corporal de si; como se o eu devesse "trocar de pele" (pensamos no *eu-pele* de Didier Anzieu, assim como nas manifestações cutâneas tão características da adolescência). Como se o eu da infância não tivesse mais estofo para conter as moções pulsionais novas que vieram reativar os dados da neurose infantil, fazendo explodir seu quadro muito estreito.

Mas essa muda necessária do eu vai se acompanhar, simultaneamente, de uma entrada em crise das figuras de referência intrapsíquicas – as *imagos parentais*, como se as chama. Escolhi intitular uma apresentação clínica "Quando há algo de podre no pai", a fim de melhor ressaltar com o

---

[1] Fiquei feliz de constatar, quanto a este aspecto, uma convergência com Peter Blos Junior (Detroit, Estados Unidos).

caso Martin (Penot, 1988) quanto, na maior parte dos adolescentes em crise, não é tanto o representante psíquico que se vê questionado, mas, antes, sua consistência imaginária; os filhos ficam aprisionados pela dúvida quanto *ao valor* que se pode creditar à figura de seu pai a seu dispor.

Disso o jovem Hamlet permanece sem dúvida exemplar. Ele também nos lembra que um adolescente é, assim mesmo, alguém que pode, sem dúvida nenhuma, quebrar-lhes a imagem – do que talvez Polônio tenha tido tempo de se aperceber (e Laio também?). Resta que desse imaginário referencial em crise, esse continente narcísico (egóico e superegóico) percebido como defeituoso, "apodrecido", o psicanalista seguramente deve saber o potencial de *alienação* para o adolescente, mas, ao mesmo tempo, seu valor de *apoio imaginário*. Com efeito, é incontornável a questão de saber o que, para um jovem, vai dar estofo a sua aptidão para se sustentar como sujeito com uma visada própria de desejo.

São fundamentalmente esse advento do sujeito de uma proposição pessoal assim como as condições desse advento que constituem a questão crucial da passagem adolescente (Cahn, 1991), questão que vem corroborar *a contrario* a freqüência muito particular das descompensações psicóticas nessa idade.

Porque o acesso a uma estatura adulta, ao mesmo tempo que a sexuação efetiva do corpo próprio, vem provocar esse termo decisivo de ter que *se sustentar como sujeito* – no sentido precisado acima, de *agente pulsional*. O adolescente é colocado diante do fato de ser impelido para uma similitude física com seu pai (quando não ultrapassa seu pai em tamanho) e a pressão que ele vive intimamente, em seu corpo e em seu sexo, se verifica ainda mais desestabilizadora porque, além do mais, ele se sabe dotado da capacidade real de engendrar[2]. O estatuto de criança se tornou para ele subjetivamente insustentável.

Essa diferenciação sexual impõe ao adolescente viver algo do tipo de uma *descompletude imaginária*, em ruptura com as modalidades mais vagas de referenciação e de assujeitamento que haviam podido prevalecer durante a infância. A sexuação, ao se tornar mais efetiva, implica, com efeito,

---

[2] O que Phillippe Gutton (1991) lembra oportunamente.

uma certa *renúncia ao sexo que não se tem*; e como, afinal, não existe sobre a Terra, a nosso conhecimento, outro sujeito além do humano, isto é, sexuado, a diferenciação pubertária vem desencadear essa prova exemplar pela qual ao sujeito de uma tal não-completude vai ser exigido *ex-sistir*.

Sem dúvida, é inevitável que um tal "sujeito novo", como Freud se expressa em "Pulsões e destinos de pulsões [Os instintos e suas vicissitudes]" (para vinho novo, outras novas, diz a Escritura), venha expor a rude prova os suportes formais que até então haviam funcionado como continente durante a infância. De onde a necessidade de fabricar outros, capazes de fornecer ao sujeito adolescente o estofo imaginário necessário para se sustentar duradouramente como *realidade psíquica*.

Em muitos adolescentes em crise, é banal constatar uma oscilação característica entre provocação ativa e conformidade passiva: a exacerbação alternada de comportamentos de conformidade gregária e retiradas na solidão de uma singularidade realçada, ou, ainda, entre a acentuação da diferenciação sexual e o recuo em aparências *unissex*. Está aí o momento de um trabalho máximo da relação, contraditório e necessário, entre os processos identificatórios imaginários constitutivos do eu (prolongados nos modelos de conformidade do *eu ideal*) e a emergência do sujeito de um desejo próprio através de uma pulsionalidade em busca de recursos (estes se originando nesse operador psíquico chave que é o *ideal do eu*).

Veremos mais adiante (capítulo 8) como esta última instância deve ter sua raiz nas percepções primeiras, pela criança, dos operadores efetivos do poder parental (o *pai real*, mas também o pai da mãe) e não nas projeções narcísicas imaginárias que vêm formar as figuras do *eu ideal*[3].

Quanto à consistência possível do sujeito, é interessante lembrar como, nos anos trinta, autores eruditos, Damourette e Pichon (esse último sendo tio de Jacques Lacan e um dos fundadores da Soc. Psychanal. de Paris), tentaram explicitar em sua famosa Gramática Francesa o diferencial concebível entre o que eles chamam a "pessoa tênue" (eu, tu, ele) e a "pessoa com

---

[3] Devemos aproximar essa idéia da afirmação, *a priori* surpreendente, de Freud em sua "Psychologie des masses [Psicologia de grupo e a análise do ego]" (1921) de que a criança efetuaria uma proto-identificação com o pai, talvez simultaneamente ao investimento libidinal primeiro da mãe, em *Oeuvres complètes*, XVI, PUF, p. 43.

estofo" (mim, ti, si) – maneira de dar conta das atribuições respectivas do sujeito do enunciado gramatical (o *shifter* dos lingüistas) e dos representantes linguageiros da pessoa espaço-corporal.

Talvez não seja supérfluo lembrar também que, do ponto de vista da História, a crise de adolescência durante longo tempo foi privilégio dos filhos de famílias favorecidas[4], ao passo que a maior parte dos jovens de Île-de-France se expressavam ainda, até não muito tempo, sob o modo bem conhecido do "somos" ou do "temos", testemunhando assim sua manutenção *aquém* da questão de assumir uma existência singular de sujeito – o englobamento imaginário de sua pessoa num *eu* [*moi*] coletivo lhes poupava, afinal, ter que viver o limiar crítico da adolescência...

Nossa atenção deve ser solicitada pela concomitância histórica observável entre o nascimento da psicanálise e a generalização social do fenômeno *adolescência*, no limiar de nossa era pós-industrial. Uma tal coincidência me parece indicadora do fato de que as formas clínicas do sofrimento adolescente têm muito particularmente vocação de destacar as vias de uma teoria psicanalítica do sujeito.

Ao constatar, por outro lado, a insistência feita por certos colegas em sistematizar uma oposição – dinâmica, econômica e até estrutural – entre a adolescência e a idade adulta, chegaríamos a suspeitar o encaminhamento deles como repousando nessa idéia dominante (e antes para o triste) de que o estado adulto deveria constituir uma espécie de *neolatência*... Felizmente, tal idéia corresponde muito pouco à experiência profissional do psicanalista (também muito pouco, esperamos, a sua vida pessoal!) – seja com tal paciente que está vivendo os tormentos de uma prova amorosa na faixa dos cinqüenta, ou com tal outro encaminhado repentinamente em pré-retração, ou, ainda, com tal pai que experimenta no cotidiano o choque de seu questionamento íntimo por um filho ou uma filha adolescentes[5].

Também diria que aqui meu interesse pelos adolescentes se nutre, antes, na ótica inversa, que é considerar a adolescência sob o ângulo de sua

---

4 Chateaubriand (*René*) e Musset (*Confessions d'un enfant du siècle*) são eminentes exemplos.

5 Conheci assim o caso de vários pais de família "descobrindo-se" homossexuais no momento em que seu filho vivia sua adolescência (que o pai não havia podido viver).

exemplaridade. Esse momento crítico e decisivo da passagem à idade adulta me aparece como interessante sobretudo no que ilustra com a maior intensidade *a condição do sujeito humano* – mais precisamente, o processo pelo qual um sujeito particular chega a emergir e se sustentar através dos reviramentos narcísicos que caracterizam essa passagem da vida.

O colocar em crise as referências de idealidade (imaginária) que caracteriza de maneira geral a adolescência vem salientar a necessidade, para a função sujeito, de se exercer num jogo reiterado e efetivo da atividade pulsional – o que os ensinamentos da *sublimação* (ver capítulo 8) também corroboram. De onde a necessidade, para o terapeuta, de adotar, na abordagem psicoterapêutica dos distúrbios graves da adolescência, um modo de implicação que não se reduza, eu diria, ao papel simbólico de uma espécie de *soldado da paz* – de observador pretensamente neutro da violência adolescente...

Essas considerações me levam a reformular assim minha afirmação: se a abordagem da patologia adolescente me parece possivelmente instrutiva para o psicanalista, não é tanto pelo que comportaria de específico e de particular, mas, antes, em razão da *exemplaridade* do que essa clínica desdobra ante nossos olhos como modalidades possíveis de destacamento do sujeito de um desejo próprio, através do colocar em crise uma aparelhagem de conformidade formal, egóica e superegóica.

A freqüência toda particular, nesse momento da vida, do surgimento manifesto de uma sintomatologia psicótica e, em primeiro lugar, da eclosão de um *delírio* vem, de algum modo, demonstrar isso, por falta. No caso de psicose, a diferenciação pubertária e a descompletude narcísica que daí resulta tendem a descompensar um narcisismo de fachada e precipitar o jovem na brecha assim produzida na fachada de unicidade e de conformidade imaginárias que o protegia. Está aí, sem dúvida, *a falha* de que Freud fala em "Neurose e psicose" (1925): essa fenda catastrófica aberta na relação do sujeito com sua realidade exterior e que a irrupção delirante vem preencher.

Com efeito, a ruptura do apoio narcísico é tal que vai necessitar da instalação da neo-realidade do delírio, definido por Freud como uma "uma peça colocada ali onde, originalmente, aparecera uma falha na relação do eu com o mundo exterior". A função primeira dessa *colagem* delirante seria, então, funcionar como expediente casual, de remendo, de *tapa-buraco* ao qual se estaria errado em atribuir um valor de significação similar às produções fantasísticas subjetivadas.

Através de um caso como o do jovem Paul (Penot, 1991b), tentei ilustrar como a peça delirante, colada de maneira a obturar uma rachadura na relação do psicótico com o que para ele era realidade (e conformidade), efetivamente não se verifica feita de qualquer coisa, mas de um "já acontecido", como diz Freud, na história do indivíduo ou de sua família, de um dado *anacrônico* cuja falta de integração na realidade psíquica do sujeito poderia resultar do caráter traumático de que se reveste (na família) – de onde seu retorno, sua *aparição* [*revenance*] (Penot, 1996) sob a forma do delírio e da alucinação.

Desde que o analista praticante aceite sair da relação divã-poltrona, e poltrona-poltrona, e que escute seus pacientes delirantes com seu entorno familiar, não pode deixar de constatar que a falta de ligação, a *falha* que mutila a realidade psíquica deles não é apenas observável neles mesmos, mas que reencontramos algo no seio da economia psíquica de seu meio de origem.

Pode-se então considerar essa dificuldade de pensar do meio familiar como uma conseqüência (reativa) da perturbação intrapsíquica do próprio paciente? Chegamos, antes, a apreender que a carência em simbolizar de que este sofre poderia se enraizar num distúrbio específico de pensamento no seio de seu meio de origem: uma dificuldade de mentalizar algo de traumático cujo efeito seria radicalizado de uma geração a outra. Esse *impossível* se deixa apreender através de mensagens enigmáticas parentais como destinado a cobrir um dano narcísico que com freqüência se origina em um luto não cumprido. Uma tal experiência reiterada nas terapias de família me leva a pensar que *só poderia ser traumático para uma criança o que o é para seus pais* – isto é, o que excede a capacidade deles de pensar.

Um destino familiar funesto

Nosso trabalho de família com adolescentes que apresentam dificuldades de mentalização regularmente vai nos levar a constatar que os campos em que esses jovens manifestam um bloqueio do pensamento correspondem a setores em que outros membros de sua família, e em primeiro lugar seus próprios pais, se mostram pouco à vontade. Isso toma tipicamente, nestes, a aparência de um bloqueio defensivo referente a *um luto* que teriam que ter feito ou com relação a um ferimento vivido em sua existência: as vias da verbalização parecem, de chofre, entravadas.

Constata-se que é a própria capacidade de elaboração de um *mito* familiar que se encontra então comprometida. Qualquer que tenha podido ser a história de uma família portadora de um sofrimento narcísico maior, relativamente protegida pela defesa narcísica (isto é, antes de tudo recusa-clivagem), nossa ação terapêutica deverá tender, a partir daí, a favorecer a fabricação de *mais mito* referente aos dados originários, material de base indispensável à construção do narcisismo da geração seguinte; mais pensamento da família sobre ela mesma, então, fornecendo as condições de uma referenciação simbólica e levantando o interdito que entravava a apropriação, pelo próprio jovem paciente, dessa herança fantasística que deveria ser sua. Poder-se-ia dizer aqui, parafraseando um pouco Jacques Lacan, que o discurso mítico familiar tende a constituir, para a jovem geração, uma espécie de "pronto-para-fantasiar".

Esse foi exemplarmente o caso dessa mocinha de origem oeste-africana que me foi encaminhada com a idade de dezesseis anos pelo Centro Médico-Psicológico de sua região, onde era conhecida há um ano. Foi ao acompanhar seu irmãozinho Désiré, admitido em hospital-dia por uma psicose da infância, que havia começado a comunicar aos cuidadores do irmão uma forte ansiedade e uma insônia. Essa mocinha, que chamarei Céleste, cursava mais ou menos um quarto ano comercial no colégio vizinho, no qual seu vivido persecutório a havia feito se instalar numa constante retração subjetiva. A equipe do CMP descobriu que Céleste se banhava na inquietante estranheza, assaltada sem parar pelo medo que lhe trazia alguma coisa, um acidente que a faria morrer. Esse vivido ordenava um desinvestimento tal que a escola não queria mais aceitá-la – de onde sua candidatura para nosso hospital-dia de adolescentes.

Recebo Céleste primeiro com sua mãe. Esta, muito reticente, me deixa entender que ela mesma já sofreu muito. Os poucos fragmentos de história que ela consente em me liberar são efetivamente impressionantes. Tinha apenas vinte anos quando se viu grávida de Céleste, por obra de um compatriota que estava estudando em Paris e que desapareceu pouco depois. O irmão desse homem, cristão convicto, a teria convencido, entretanto, de que seria um pecado abortar, inclusive oferecendo-se para registrar a criança em lugar de seu irmão. A jovem mãe sempre fez o que lhe era possível para assumir essa criança e se opôs aos serviços sociais que lhe aconselhavam uma colocação. Ela se casa um ano mais tarde com um outro compatriota, jornalista. Esse homem trata Céleste "como sua própria filha"; mas ninguém julga bom fornecer a esta alguma explicação referente ao fato de que portava um patronímico diferente do de seu "pai" – e a mãe ainda hoje permanece confusa a esse respeito.

Dois filhos nasceram pouco depois desse casamento, Crystelle e Désiré. Este mal tinha um ano quando seu pai morreu na ocasião de uma estada em seu país africano de origem e quando mal havia passado dos trinta, atingido por uma doença que a mãe me parece não ser capaz de me explicitar. Parece que esse drama vem, para ela, dar lugar a uma colocação em perspectiva de mortes trágicas: seus pais foram mortos quando ela ainda era criança, quando iam de carro a um casamento, subseqüentemente suas duas irmãs ficaram viúvas, como ela, e, por fim, uma delas faleceu recentemente, assim como o avô que as criou...

Não é muito fácil voltar a tudo isso com essa mãe que se mostra deprimida e hostil. Ela é muito particularmente reticente quando se trata de precisar as circunstâncias da morte de seu marido, padrasto de Céleste, sobrevinda alguns anos antes. Diz que ela mesma caiu "muito doente", atingida por uma depressão; menciona depois um processo que teve que mover contra a família de seu marido, a propósito dos bens dele, processo que ela diz haver perdido – mas pôde, todavia, conservar os filhos, até o momento.

Quanto a Céleste, ela se apresenta, nessa primeira visita de candidatura, de maneira inteiramente desencorajadora, recusando-se a liberar algum vivido subjetivo e rejeitando toda tentativa de explicitação de sua história. Não se mostra mais disposta a investir nosso hospital-dia nem nenhuma de suas atividades. A meu colega do CMP só posso, então, responder que essa candidatura me parece prematura e que é preciso, no momento, contentar-se com a continuação do acolhimento iniciado no CMP, já que ela parece comparecer de bom grado nesses últimos meses. Sugiro, além do mais, que uma estadia temporária em hospital de tempo integral seja tentada durante o verão, mas a mãe recusa essa eventualidade de uma separação da filha.

Voltarei a ver essa moça pouco antes do verão, porque a escola não quer aceitá-la em setembro. Sua sintomatologia se acentuou no sentido de uma ruptura do contato; seu olhar está fixo e ausente, seu discurso alusivo e carregado de temor hostil. A mãe fala de episódios de agitação noturna e também de anorexia; descreve Céleste permanecendo longos instantes diante do espelho, contemplando-se em silêncio. Essa mulher está suficientemente alarmada, no momento, para aceitar uma prescrição neuroléptica para sua filha e não se opõe mais a uma tentativa de hospitalização. Um pouco mais confiante, nos comunica que há pouco tempo tem um novo companheiro de vida, que se mostra "gentil" com as crianças e busca ajudá-las. Quer casar com ele e os dois mais jovens já o chamam de *papai*; mas Céleste se contenta em dizer *titio*.

No outono, fico sabendo que Céleste pôde ser hospitalizada durante seis semanas em serviço psiquiátrico. A prova dessa separação conduz a mãe a expressar temores referentes a possíveis "experiências" com Céleste, "como se faz com os africanos", me precisa ela! Teme também que se lhe esconda a gravidade ou até o caráter incurável da doença de sua filha, que ela manifestamente associa ao misterioso mal de seu marido defunto. O hospital permitiu a Céleste uma retomada das funções alimentares e do sono, tendo uma neuroleptização leve apaziguado seus medos. As condições presentemente parecem melhores para o estabelecimento de um contrato terapêutico efetivo conosco; e proponho que ela venha, *em tempo parcial*, ao hospital-dia, a fim de avaliar suas capacidades de investimento.

Durante suas primeiras semanas de horário parcial no Cerep Montsouris, ela vai dar prova de uma passividade impressionante, com a decisão manifesta de só agir sob ordem de seus cuidadores – como em casa, onde sua irmãzinha se permite dominá-la. Parece que se lhe poderia ordenar qualquer coisa. Durante nossas trocas, ficamos surpresos com a maneira como Céleste aparece sobretudo como que perdida nas referências *temporais*. Observamos que é precisamente cada vez que se trata de um início, de uma *origem*, que tudo se torna fluido: sua entrada no primário, sua entrada no colegial...

Vai se confirmar durante o inverno que seu pânico ansioso de início se apaziguou, mas que ela sempre se abstém de existir, suspendendo seus atos e suas falas. Ela se contenta em observar o que se passa em torno dela, mas sem se implicar mais. É então que proponho à mãe um protocolo mais sistemático de encontros entre a família e a equipe, visando notadamente uma melhor apreensão das referências; e para isso sugiro a participação de um colega, Lucien, de tradição *iorubá* (sul de Benim).

A primeira reunião de família vai nos dar a impressão de uma espécie de *desiste ou dobra*. A mãe vem acompanhada de uma prima adolescente que ela abriga. Céleste se mantém completamente reservada, enquanto a mãe sempre se mostra muito reticente em fornecer um mínimo de explicação, notadamente no que diz respeito às circunstâncias da morte de seu marido. Apesar de seu mau humor, ainda assim vai nos dar várias chaves de compreensão. Primeiro afirma sua rejeição da tradição africana, do que ela chama de explicações "animistas" que pretendem dar um sentido aos acontecimentos – e muito particularmente, decerto, a certas mortes. É apenas em fim de entrevista que ela nos informará sobre sua adesão à seita dos *Cristãos celestes*, que preconiza efetivamente uma rejeição categórica de todos os rituais tradicionais africanos. "Tudo que não está na Bíblia", diz ela, "nós rejeitamos".

Nós nos deixamos num clima tenso, com a impressão de que essa mãe vai romper o contrato terapêutico e recusar o esforço que lhe impomos. Também ficaria surpreso ao constatar, durante as semanas seguintes, um claro progresso na participação de Céleste no hospital-dia. Ela se decide a realizar um trabalho no ateliê de pintura em seda e seu desenho não aparece como pueril como sua atitude regressiva-agressiva teria podido nos fazer esperar. Ela empreende também montar uma espécie de sentinela diante da porta de meu consultório, manifestamente vigiando toda ocasião de falar comigo.

Um mês mais tarde, a mãe retorna, acompanhada de Désiré, o irmãozinho psicótico (em hospital-dia para crianças). Este vai se aplicar em monopolizar a atenção à sua maneira; mas, assim mesmo, chegaremos a superar a prova de nosso encontro precedente, notadamente através de uma retomada explicativa das interpretações fornecidas pelos Cristãos celestes (que felizmente nosso colega africano conhece bem) a propósito da morte de seu marido. O que parece ter sido nele uma doença neurológica, com afasia e paralisias, foi interpretado como uma forma de encantamento, e essa viúva foi proibida de acompanhar o corpo ao cemitério sob pena de ela mesma se ver, por sua vez, paralisada!... Encontramos então a ocasião de explicitar com ela toda a virulência de tais interpretações, que bloquearam o necessário trabalho de luto – para a senhora em primeiro lugar, decerto, e para Céleste também, muito ligada a esse "papai".

Subseqüentemente a essa sessão bastante esclarecedora, constatamos que Céleste vai se pôr a participar ativamente num ateliê de canto, não sem talento, e começar um trabalho psicopedagógico em francês.

Na sessão seguinte, a senhora nos leva seu novo esposo. Os dois chegam ao Cerep com roupa de festa e nos oferecem bolinhos. Ela exibe um novo penteado africano e ele um terno com gravata dos mais elegantes. Expressam sua gratidão reconhecedora pelos progressos de Céleste. Iremos poder mais tranqüilamente retomar o conjunto da história familiar: desde o mistério sobre o genitor de Céleste, mantido por longo tempo, até o novo casamento recente, em que um singular erro administrativo fez com que se inscrevesse o prenome (cristão) do novo padrasto de Céleste em lugar e posto de seu patronímico africano...

Pensamos agora possível propor a Céleste entrar em *tempo integral* no hospital-dia, tendo sua sintomatologia perdido as características traumáticas siderantes do início e estando sua disponibilidade bem melhor. Sua mãe logo consegue conceber um novo bebê, do qual Céleste mais tarde será capaz de se ocupar, reencontrando seu lugar de mais velha no grupo familiar.

No entremeio, os encontros equipe-família vão dever se interromper durante um ano, porque a mãe tem que se consagrar à sua nova maternidade (acontece, além do mais, que a psicóloga referente de Céleste também parte em licença maternidade!).

Um ano mais tarde, após o nascimento do pequeno Michaël, avaliamos os progressos bastante notáveis de Céleste, que se mostra muito mais viva presentemente. Mas a mãe nos faz saber que permanecem problemas com a família de seu novo marido, que enviou "emissários" da África para observar o novo lar, a fim, sem dúvida, de melhor determinar por que meios essa mulher quadragenária e ornada com três filhos, sendo dois psicóticos, pôde pôr a mão nesse homem jovem e florescente.

Essa prova vai prosseguir durante todo o outono e pressões familiares convencerão o padrasto de Céleste a renunciar a vir nos encontrar. Constatamos, ao mesmo tempo, que permanece um certo bloqueio na capacidade de Céleste de *questionar* seus professores quando não compreende, e mesmo de conduzir uma pesquisa simples, por exemplo num dicionário. Sua professora de francês empreende *sacudi-la*, declarando-lhe que está aí um efeito, nela, da vagueza referente à sua origem, além do mais com uma espécie de interdito de esclarecer as causas da morte de seu pai.

A mãe então aparece furiosa no Cerep para perguntar a razão de tais afirmações da parte de uma professora. Aproveitei a oportunidade para recebê-la individualmente por duas vezes com meu colega africano. Isto lhe vai permitir enfim produzir um discurso inteligível referente a certos elementos obscuros de sua história. Temos então a impressão de assistir à eclosão de um discurso mítico *concebido* por ela (encontrado-criado?) para resolver as dificuldades em que se debate.

Ela nos anuncia, em primeiro lugar, que foram levantados os obstáculos ligados à família de seu novo marido, que esta a aceita com o pequeno Michaël e que uma viagem protocolar está projetada para quando suas finanças o permitirem. Mais tarde, depois que seu marido tiver voltado a participar de nossas reuniões mensais, essa mãe vai se mostrar capaz de reatar eficazmente com sua tradição africana para nos explicar como o patronímico portado por Céleste constituiu, apesar de tudo, uma forma de aliança com seu defunto marido, já que se trata do nome do avô deste (sem dúvida do mesmo clã que o genitor).

Céleste sem dúvida é aliviada por esse ajuste e confirma firmemente que agora se considera como a primeira "filha" do defunto. Resta agora o caráter misterioso da morte deste. A senhora vai nos comunicar suas convicções referentes a um envenenamento pela própria família desse homem, durante uma refeição. Seus irmãos assim teriam querido se livrar dele, pois sua atividade de jornalista de oposição incomodava muito os bons negócios da família. O ataque de paralisia se declarou ao sair de um banquete familiar e o diagnóstico de envenenamento teria sido levantado; mas a família não quis iniciar a investigação... Depois de uma semelhante história, digna de atridas, a mãe e os filhos não mais voltaram lá; e a questão que ficou é saber como vai se passar sua próxima estadia. É possível uma solução? A senhora declara (diante de Céleste) que um dos três filhos desse defunto poderia *pagar com sua vida* a retomada de contato familiar... Assim enunciada a ameaça, iremos poder acompanhar sua elaboração com Céleste, que pouco a pouco supera suas inibições de pensamento e de expressão. Dedicaremos a última sessão de família do ano ao projeto de formação de Céleste depois do Cerep.

Esse relato sobre três anos me parece bastante exemplar da necessidade, em certos casos em que domina uma reação de tipo traumático dominada pela rejeição antidor de uma realidade incompreensível, de criar as condições de *uma matriz continente* familiar e cuidadora, favorecendo uma colocação em palavras compartilhada. As capacidades de simbolização de Céleste estavam provavelmente excedidas pelo efeito de condensação entre a ameaça ligada à morte do padrasto jornalista e as circunstâncias não elucidadas da própria procriação dela, e a desaparição de seu genitor. A instauração de um contrato de confiança mínima com a mãe sem dúvida criou as condições de *um lugar socializado de fala* capaz de retomar (criar?) uma versão plausível dos acontecimentos mortíferos.

Para Céleste e para sua mãe, nossas reuniões equipe-família parecem ter tido essa função matricial e *transicional* de criação de um discurso que conferia um sentido vivível aos acontecimentos sofridos. Trata-se aí, penso, para o sujeito traumatizado numa função essencial, do tipo de tessitura de um discurso mítico capaz de voltar a dar sentido à incidência traumática dos acontecimentos. Nesses casos, também, observamos que uma certa colocação em discurso do "delírio" (da seita e dos pais), em entrevistas de caráter convivial e em presença da adolescente, é capaz de permitir a esta sair de um estado confusional que a mantinha aquém de toda participação efetiva em algum projeto de atividades proposto.

Com efeito, tudo se passa como se o vivido *traumático* se ligasse ao fato de que o jovem é mantido impedido de ter acesso a uma compreensão de seus dados existenciais através de um discurso trocado geracionalmente, não estando as fontes referenciais significativas colocadas à sua disposição.

É claro que podemos então esperar que seja o próprio discurso do jovem paciente que nos forneça as chaves para compreender e resolver aquilo de que ele sofre – como habitualmente é o caso quando lidamos com dificuldades de tipo neurótico, marcadas pelo recalque. Aqui, o que está em questão se verifica, antes, como sendo do tipo de uma carência em matéria de simbolização; e essa carência manifestamente está ligada às capacidades de ligação psíquica no nível da geração parental. *Com efeito, o vivido traumático geralmente se verifica ser, em primeiro lugar, o dos próprios pais*, dos quais emanam mensagens que fortemente dissuadem todo questionamento da parte do jovem.

Então, é antes de tudo no nível dos pais que é importante restituir as condições de funcionamento de uma *matriz de discurso* suficientemente portadora de significações para que as trocas vitais e as comunicações possam prosseguir. Isso conduz à idéia de que só poderia ser traumático para um jovem o que o é para seus pais, isto é, o que excede as capacidades de ligação mental deles, simultaneamente comprometendo, para o jovem, o estabelecimento de referências que permitam subjetivar os acontecimentos de sua vida.

Infelizmente, há numerosos casos em que, no nível dos pais, um tal ferrolho traumático vai dar prova de seu caráter inultrapassável – mantido fora do alcance por *uma recusa persistente* que forma uma fachada narcísica defensiva que invalida a simbolização. Nosso trabalho terapêutico para tentar fazer progredir a subjetivação do jovem em sofrimento deverá então se servir, como ferramenta principal, da análise da direta colocação em jogo da psique dos terapeutas – que não deixa de estar implicada através da repetição agida, mas de uma maneira que com freqüência se verifica penosa.

6.
Foraclusão significante e sujeito em sofrimento

A existência de uma fantasia constituída no psiquismo inconsciente não deve ser considerada como caminhando por si própria, como um dado *natural.* É para o que a proposição de Freud atrai a atenção no primeiro tempo de "Uma criança é espancada" (1919). Na nossa pratica de analista, em consultório ou em instituição, não é sempre com uma *transferência fantasística* (também se diz uma *transferência objetal*) que lidamos da parte do paciente. O fenômeno de deslocamento (*Übertragung*) do passado para o atual em que consiste a "transferência" pode, com efeito, se inscrever em registros muito diferentes; de modo que a gama das ditas transferências vem a constituir um amplo espectro qualificativo em função de seu grau de simbolização e mesmo de sua figurabilidade na psique do paciente.

O que vem nos lembrar a importância do *real* como categoria psíquica. Pode-se concebê-lo como um registro de impressões perceptivas que permaneceram aquém das possibilidades de colocação em imagem psíquica, e também como um resíduo da simbolização. É um registro do psiquismo que, como tal, convém não assimilar à realidade bruta do mundo de que se ocupam os físicos, nem também limitá-lo ao dado biológico.

O fenômeno de transferência no registro dos traços perceptivos encontra o puro determinismo de repetição (*Wiederholungszwang*), no qual a existência de um *sujeito da fantasia* de maneira nenhuma está adquirida. É justamente a tarefa de nosso trabalho de analista tornar uma tal transferência *representável* e, daí, subjetivável pelo paciente. O poder que as impressões de caráter traumático têm de se reproduzir na realidade atual alcança, de acordo com os casos, uma força compulsiva tanto maior porque elas são desprovidas de imagem psíquica.

Freud teve a sagacidade de caracterizar o delírio como uma tentativa de *restituição* referente a um *já acontecido* insuficientemente mentalizado – "um pedaço perdido da história vivida", diz ele (1937). Justamente, ele parece aí designar as impressões perceptivas em falta de ligação psíquica, falta que justamente determina seu potencial traumático.

Essas lacunas psíquicas freqüentemente se originam em uma "impressão por falta", como assinala Jean-Claude Arfouilloux[1], por causa, notadamente, de reações parentais em forma de *recusa* (de significação). Resta que o determinismo de repetição inerente a esse gênero de impressões se verifica ainda mais coercitivo e inevitável porque o paciente terá fracassado em colocá-las em representação e nelas se implicar em fantasia. Sua atualização repetitiva se efetua, então, seja no comportamento do próprio paciente, seja através de experiências corporais ou somatizações, seja ainda na sempre surpreendente *repetição induzida no outro* (no terapeuta, notadamente), à qual iremos voltar.

O difícil trabalho de apropriação subjetiva de um tal já-acontecido-não-verdadeiramente-vivido (Winnicott), e que insiste para retornar, leva a se interessar pelos fenômenos de aparição[I] (Penot, 1996). Sabe-se que a *aparição* é tradicionalmente considerada como oriunda da necessidade de que uma verdade desprezada (por uma recusa de julgamento) seja restabelecida: a aparição vai voltar compulsivamente até que o fato abolido em sua significância seja *restituído*.

O terapeuta que está às voltas com esse tipo de *reaparição* (num delírio, por exemplo) será levado a constatar que, sem dúvida nenhuma, há diferentes espécies de contratransferência. A experiência vai fazê-lo avaliar a distância entre o que ele habitualmente pode apreender como *contratransferência* no sentido estrito, isto é, sua reação subjetiva em resposta a uma

---

1 Apresentação nas Journées occitanes de novembro de 1997 em Montpellier, em "Transmission, transfert de pensée, interprétation", edições do Monde interne, Puteaux, p. 37.

I Aqui, *fantomatiques*, referente a fantasma, aparição, "alma do outro mundo". (NT)

projeção fantasística operada sobre ele pelo paciente (e à qual ele se presta), e uma implicação de uma natureza completamente diferente. Com efeito, no outro pólo da atualização transferencial, o mais experimentado analista pode se encontrar contra sua vontade na repetição induzida no outro – de maneira tal que sua percepção vai se encontrar cativa.

Um trabalho psicanalítico a vários

Um tal fenômeno é mais fácil de identificar quando se pode *trabalhar psicanaliticamente a vários* – em psicodrama, por exemplo, ou numa instituição cuidadora organizada com esse objetivo. Acontece então, sem dúvida nenhuma, de se observar, através do trabalho de *síntese clínica*, uma espécie de distribuição posicional sobre a qual podemos pensar que vem reproduzir certas relações características do meio de origem do paciente, de acordo com uma *recusa-clivagem* que as mantém numa falta de significância e, portanto, de apropriação subjetiva. É a constatação de posições radicalmente divergentes, até incompatíveis, entre colegas no entanto acreditados por uma longa prática em comum que pode conduzi-los a apreender a estranheza do que se passa *entre* terapeutas que têm contato com certos pacientes. Tanto mais que essas atitudes não necessariamente correspondem à personalidade dos que se verão como portadores delas. Uma visão mínima da história terapêutica anterior do caso permite, além do mais, ver que elas se inscrevem numa (por vezes longa) série repetitiva, com os mais variados protagonistas.

A falta de identificação mútua que então prevalece entre cuidadores protagonistas vai dever ser suportada por estes e trabalhada longo tempo, produzindo uma espécie de reprodução desenvolvida das clivagens (da *esquize*) impressas na psique do paciente em causa, entravando a subjetivação neste. Nunca se insistiria demais sobre o interesse de trabalhar então concomitantemente com o meio familiar de maneira a poder verificar diretamente os indícios, em seu seio, de tais lacunas relacionais e representativas, com a recusa-desmentido que regularmente está subtendida.

A equipe terapêutica chega então a se aperceber de que ela é o lugar de uma *transferência de desmentido*, através do caso de que se ocupa.

Vou ilustrar essa afirmação por um outro tratamento de adolescente em hospital-dia. Esse tratamento (a vários, então) girou, no essencial, em torno da *foraclusão* de certos significantes que invalidam o próprio sujeito. Tivemos que conduzir um trabalho nas raízes mesmas da subjetivação sem que uma abordagem em psicoterapia individual esteja ainda em vista.

Espero que o caráter dedutivo de um tal trabalho não parecerá excessivamente escabroso ao leitor e evitará para si o destino em forma de *rejeição* que constitui uma defesa-reflexo do meio psicanalítico desde a tentativa meritória de Freud referente à *telepatia* (1921).

O caso Angel

Então, recebi inicialmente esse rapaz de 14 anos, com uma etiqueta de *esquizofrenia* em início e uma prescrição de Haldol. Tinha sido adotado no final de seu primeiro ano por um casal burguês parisiense, em razão da azoospermia do senhor. Algo me espanta de imediato nas circunstâncias dessa descompensação psicótica da adolescência. Ela parecia consecutiva à descoberta inopinada de uma sub-icterícia, benigna hiperbilirubinemia congênita, dita doença de Gilbert. O adolescente foi então tomado por angústias de despersonalização; muito agressivo para com a mãe, fez com que fosse expulso do colégio, depois rapidamente rejeitado por um outro. Eu me interrogava sobre o estranho poder desestabilizador desse estigma congênito – repentina presentificação dos genitores, tanto reais quanto não-conhecidos, *abolidos* em um certo sentido (foracluídos).

A senhora, muito mulher no lar, se atinha a me repetir: "Para mim é exatamente como se eu o tivesse colocado no mundo". Esforçando-se para me restituir a primeira infância desse filho, com uma impecável caderneta de saúde, ela me diz que esse belíssimo bebê talvez fosse inicialmente "um pouco enrijecido, crispado". O pai intervém então para esclarecer: "Ele desconfiava!". Esse notável movimento de identificação projetiva dá muito a pensar sobre o olhar *desconfiado* desses pais adotantes para essa semente-saída-não-se-sabe-de-onde.

Uma outra ilustração dessas propensões projetivas fundamentais do pai me foi muito cedo fornecida a propósito de certas idéias de extrema direita exibidas por seu filho: "Se não fosse meu filho", declara esse homem azoospermático, "haveria menos pessoas na Terra".

Uma vez admitido em nosso hospital-dia, o rapaz ia se mostrar mais perverso que esquizofrênico – e eu o chamei de Angel pensando no anjo do filme *Teorema* de Pier Paolo Pasolini.

Não posso desenvolver aqui as peripécias do trabalho terapêutico a vários que tivemos que manter com ele durante três anos. Digamos que se tratava para nós, principalmente, de superar os efeitos destrutivos de vividos *incompatíveis* que tendiam a se instaurar *entre* cuidadores que tinham contanto com esse estranho rapaz. As posições de uns e de outros manifestamente se excluíam, em termos de *desqualificação* mútua.

Nenhum sujeito parecia resultar do corte mútuo, em *desmentido-clivagem*, dos referentes de base desse rapaz, sem dúvida tomado pela impossibilidade de se destacar como sujeito diante de uma certa não-resposta de seu outro referencial.

É no curso de seu segundo ano em hospital-dia que sua psicóloga *referente* consegue superar sua dificuldade para verbalizar, em síntese clínica, o mal-estar que a assaltava quando estava sozinha num cômodo com Angel: ela então se sentia ameaçada de desvanecimento, de síncope, com uma sideração do pensamento. Fato notável, ela nem mesmo pensava então em chamar colegas ao alcance de seu chamado – um pouco como Freud relata no que diz respeito à experiência do Homem dos Lobos entregue à alucinação do dedo cortado e não podendo chamar sua babá, no entanto bem próxima.

Algo de *inominável* parecia então dado à vida, fora do campo de uma formulação possível. A violência de um tal vivido era ainda mais notável porque dizia respeito a uma psicóloga experimentada, antiga enfermeira. Além do mais, era espantoso o contraste com as disposições de outras mulheres da equipe: uma outra psicóloga de bom grado deixava Angel lhe fazer carícias no pescoço, convicta de ver ali a manifestação inocente de um garotinho, "não teve muito carinho", dizia ela; ao passo que outras tinham dificuldade de assistir a tais cenas, que julgavam "perversas".

Os homens também se repartiam segundo posições subjetivas violentamente contrastantes, incompatíveis. O educador referente de Angel se queixava de se sentir constantemente desmentido, "*sacaneado*", repetia – ao passo que um de seus colegas, ao contrário, vivia positivamente sua relação com esse rapaz que o incitava à solicitude.

Sabemos quanto com freqüência prevalece, no espírito dos adotantes em dificuldade, um *desmentido* virulento do valor suposto dos genitores. Essa disposição de espírito (sobretudo se é inconsciente) tende a alimentar um efeito des-narcisante, que funciona como que em bumerangue entre os-abandonadores-indignos e os-ladrões-de-criança. Com efeito, tudo se passa como se estes últimos tivessem ainda mais necessidade de denegrir os hipotéticos genitores (os *verdadeiros pais*, diz-se então bizarramente) porque eles mesmos deviam reconhecer sua incapacidade de exercer validamente a parentalidade.

Foi através de um trabalho de mentalização desses vividos difíceis, e da relação *impossível* que tendiam a instaurar entre os membros de nossa equipe, que chegamos a representar para nós, laboriosamente, alguma coisa; mas hipoteticamente, decerto, no sentido das *construções em análise* (Freud, 1937).

A referente de Angel acaba por expressar certo dia, em síntese, não sem cólera e rancor, que se sentia na instituição como "uma mulher sem proteção suficiente". Ela então foi capaz de realizar a que ponto estava fixada num vivido provável da genitora não-conhecida e fantasmagórica – verdadeiro *Dibbuk*[2] de um ser real abolido, sem fala e sem imagem – *foracluído*.

Com esse trabalho em torno dele, Angel consegue progressivamente desenvolver uma vida fantasística bastante rica, fabricando um romance familiar de uso pessoal com uma origem anglo-saxã (que seu físico arruçado tornava plausível). Ele mesmo se intitulava "bad luck", o que levava a se perguntar: *bad luck* para quem? Para ele mesmo, por ter conhecido um tal destino? Para seus genitores, por não terem podido assumir seu nascimento? Para seus adotantes, por terem tirado esse mau número? Para nós, enfim, com esse caso difícil?...

Anos mais tarde, esse singular rapaz quis me rever para me expor certas questões relativas a suas funções de pai (de família numerosa!)[3].

---

[2] Sabemos como a tradição cabalística desenvolveu essa forma de *aparição* de um desaparecido desconhecido.

[3] Apresentei, em novembro de 1990, nos encontros COPELFI de Jerusalém, essa história terapêutica bastante espantosa.

Uma transferência de real psíquico?

Essa história terapêutica pode fornecer uma idéia do determinismo de repetição no qual se encontra apanhado o terapeuta a partir do momento em que terá pretendido *se encarregar* de um caso desse tipo. Tudo se passa então como se viesse se concretizar em sua pessoa uma certa carência, veiculada pelo paciente, em matéria de representação (de coisas) e de processo primário de pensamento.

Uma transferência desse tipo tende sobretudo a tomar formas comportamentais que testemunham uma incapacidade de *metaforizar* a questão, isto é, de *des-locar* para outros suportes de representação mais manejáveis. Na prática, o cuidador poderá apreender sua implicação apenas no *só-depois* e de modo dedutivo; como se o determinismo em questão curto-circuitasse seu próprio sistema de representações (pré-consciente). Mas tais casos não ficam acantonados em instituições psiquiátricas, e o praticante solitário da psicanálise também está exposto a esse fenômeno, e sem dúvida com mais freqüência do que crê; porque a falta de confrontação com outros que caracteriza sua prática o expõe a não poder se dar conta da *parcialidade* fundamental de sua posição.

E, no entanto, essas disposições em recusa-desmentido verdadeiramente constituem a única transferência de que certos pacientes sejam capazes: retomada obrigatória e necessária de sua constelação matricial (proto-parental) e da não-resposta à qual eles ficam indefinidamente suspensos. Essa *impressão real* em forma de lacuna representativa constitui a passagem perlaborativa obrigatória para o advento de um "sujeito disso".

Proponho considerar que, com tais casos, o trabalho interpretativo deve primeiro se aplicar ao problema de subjetivação do próprio terapeuta, colocado em lugar de *proto-sujeito exterior*[4] (capítulo 1). Com relação a esse aspecto, D. W. Winnicott tem o mérito de ter sido o primeiro a dar ilustrações clínicas a propósito das deficiências de enquadre (*setting*): deficiência do outro-terapeuta pela qual se reatualiza uma certa carência dos protagonistas que presidiram ao nascimento do paciente como sujeito. Freqüente-

[4] O Dr. Xavier Jacquey (1975) foi o primeiro entre nós a escolher falar de "*posição subjetal*" do analista na transferência.

mente somos advertidos disso pela relação *desqualificante-invalidante* que se instaura entre colegas que trabalham com um paciente – e mesmo com a polícia militar num caso de Louise de Urtubey (1994).

A interpretação, nesse grau de alienação (mútua) na transferência, não deve ser dirigida inicialmente ao paciente: ela só poderá ser recebida e apreendida por ele após se ter deixado suficientemente em suspenso o *julgamento de atribuição* (Freud, 1925a). O terapeuta terá, antes, que reconhecer, explicitando-o com outros, o papel inopinado de *sujeito novo* que ele se encontra endossando contra sua vontade no determinismo de repetição. Esse reconhecimento da parte do protagonista poderá abrir a via de uma colocação em imagens e em palavras, até então inacessível ao paciente, e permitir a apropriação por ele de ferramentas novas de representação mental para seu próprio uso.

Uma história como a de Angel permite tornar concebíveis os efeitos *foraclusivos* de um certo tipo de defesa que emana dos pais: defesa narcísica sob o modo da recusa, que se traduz notadamente por uma tendência à projetividade capaz de hipotecar duradouramente a subjetivação de seu rebento. Vê-se sobretudo como uma tal defesa narcísica consiste, essencialmente, em rejeitar a significância mesma do que deveria ser percebido como *falta referencial* (a esterilidade, por exemplo, ou a marca congênita da subicterícia), que invalida, simultaneamente, o sujeito particular que havia a ser produzido.

O que é um significante?

Certos adolescentes *esquizofrênicos* podem fornecer a ocasião de constatar que certas representações de palavras veiculadas em seu discurso não comportam para eles nenhuma significância utilizável, que ao menos suscite a inquietante estranheza.

É notadamente o caso de um rapaz fazendo seu vestibular e no discurso tipicamente esquizofrênico do qual destaco, entre outras, essa estranha noção de que a cidade de "Creil ficava perto de Pau..." (cidade do outro lado da França!). Uma tal proposição, submetida a seus pais, só suscitava deles um riso de pouco caso (*você sabe que ele é maluquinho!*).

Mas acontece que pouco depois tive a oportunidade se ser contactado por um "velho amigo de família", do qual fiquei espantado de ouvir que ali se tratava muito simplesmente de lugares de residência respectivos... de seu avô materno e do amante de sua avó (este próprio, velho amigo).

Na entrevista de família seguinte, pude verificar quanto esses significantes toponímicos permaneciam para a mãe num estatuto de material bruto traumático – rejeitada que havia sido, menininha, sob as bombas, em 1944, na estação de Creil, por seu pai recentemente divorciado que achava que não era o dia legal de visita! Assim sendo, o relacionamento desses dois significantes, Creil e Pau, não produzia nenhuma subjetivação no rapaz – que, por outro lado conseguiu obter 18 [18 em 20] no vestibular francês.

Essas palavras, sem dúvida pronunciadas diante dele por uma velha tia um pouco maluca, justamente não eram para ele significantes, mas *real psíquico* tomado em massa na experiência traumática de sua mãe. Sua *foraclusão* significante sem dúvida era mantida por esta, pelo fato do caráter invivível (inominável) do drama ao qual remetiam – uma verdadeira recusa de paternidade que descobri que de fato vinha substituir a abolição, pela avó paterna, do patronímico estrangeiro de origem.

É a ocasião de salientar aqui esse fato fundamental, que *não pode haver significante em si*. Lacan só deu definição subjetiva do significante – quer dizer, só há significante por relação a um sujeito para um outro significante. Essa fórmula desconcertante indica algo como um surgimento mutativo síncrono: uma representação só podendo adquirir valor significante na sua relação com outras, por um lado, e com sujeito, por outra. Daí resulta que tanto não se poderia mais conceber um significante sem subjetividade quanto não pode haver significante considerado isoladamente. Isso faz pensar nas hipóteses referentes à aparição da linguagem na Terra, que muitos chegam justamente a considerar como só podendo se produzir *de chofre*. Porque significante e sujeito têm que se determinar mutuamente numa interação síncrona, e teremos que voltar (capítulo 10) a essa necessária *reciprocidade* que opera no próprio processo de subjetivação, no qual a interação pulsional deve ser relançada pelas respostas significantes sucessivas dos protagonistas.

É bastante singular observar como Lacan pôde ficar fascinado, ao longo de uma grande parte de seu percurso teórico, pela idéia dominante de significante em si – "significante puro", etc. Enquanto que uma tal noção objetivante é fundamentalmente incompatível com a própria definição proposta pelo mesmo Lacan. Um tal paradoxo não deixa de fazer pensar na nostalgia durante longo tempo expressa por Freud em relação a uma Psicanálise objetivada de maneira a poder enfim encontrar seu lugar entre as Ciências Naturais – enquanto que a genialidade do encaminhamento freudiano foi extrair leis próprias do determinismo subjetivo!

Em sua discussão de meu relatório (Penot, 1999b), Daniel Widlöcher lembrou o famoso caso exemplar da estrela encontrada no deserto e coberta por sinais estranhos. O descobridor desconfia que deve se tratar de significantes, de aspecto relativamente hieroglífico. Mas de sua significação *só há, em suma, a noção*. Esses sinais não podem verdadeiramente ter para ele uma função de significantes, pois não há a chave subjetiva.

Uma tal experiência faz eco ao que a clínica nos dá a perceber quanto à relação de certos psicóticos com significantes abolidos como tais (*foracluídos*), com a noção de que sem dúvida representam algo importante na pré-história de sua subjetividade. Esses doentes podem suspeitar (e lhes lembramos) que *deveria* lhes significar alguma coisa (já que acontece com nós mesmos) e que deveriam reagir a eles subjetivamente... Só que, eis, não podem fazer nada com eles; nem ao menos viver esses sinais como confusamente persecutórios e estranhamente inquietantes – mais ou menos como se diz *é grego pra mim*...

Abordar a psicose com um rigor de analista não é, antes de tudo, levar essa relatividade subjetiva do significante em conta? Um encaminhamento psicanalítico ignorante desse fato fundamental tem todas as chances de alienar mais ainda esses pacientes – o que, afinal, não deixou de se produzir na ocasião das primeiras *aplicações*[5] da técnica psicanalítica à psicose.

---

[5] Deve-se salientar que essa idéia de *aplicações* da psicanálise é em si falaciosa, pois constatamos que é antes nos limites de seu campo que a psicanálise aprende mais, se amplia, e até mesmo retifica sua teoria; enquanto esse termo *aplicação* traduz uma espécie de suficiência que tende a minorar o que de fato constitui a vertente mais criativa da pesquisa psicanalítica – os campos de sua atividade pelos quais ela mais progride.

Cientificidade e encaminhamento psicanalítico

O liame intrínseco do significante com o subjetivo alimenta a questão de saber como um encaminhamento que visa o conhecimento do subjetivo poderia se pretender "científico", no sentido de ser objetivamente verificável e reprodutível. Se Freud por longo tempo acariciou essa idéia de que a psicanálise um dia encontraria os meios de tomar lugar entre as "ciências da natureza", Lacan hesitou muito antes de considerar que o discurso da ciência implicava forçosamente uma abolição do sujeito como tal, em primeiro lugar, decerto, do *sujeito da enunciação* que interessa ao psicanalista mais que tudo, já que portador da moção intencional em maior ou menor grau inconsciente.

Essa tendência do discurso científico a abolir o sujeito se observa no campo das ciências ditas humanas (no entanto qualificadas de *moles* nesse aspecto), onde notadamente toma lugar a verdade *estatística*, desembocando na pseudo-objetividade dos resultados de sondagens e na utilização sistemática destas para abolir a responsabilidade subjetiva nas decisões (políticas).

É também o que caracteriza os encaminhamentos psicológicos ditos de *condicionamento*: puras aplicações do "discurso do mestre" (deve-se dizer!), aquele mesmo que Lacan caracteriza como constituindo "O avesso da psicanálise" (1969-1970). Essa tendência das técnicas modernas a fazer desaparecer a dimensão do sujeito pode alimentar a idéia segundo a qual a psicanálise teria precisamente aparecido, na aurora do século vinte, de maneira a se constituir como uma espécie de antídoto ao triunfo generalizado da cientificidade-nova-que-tem-como-efeito-abolir-o-erro-subjetivo. A psicanálise, então, teria vocação para se colocar como método de investigação por excelência da subjetividade humana, sendo que sua escolha inicial *positivista* lhe conferiria, assim mesmo, uma certa "cientificidade" com relação às diversas abordagens espiritualistas.

A propósito de espírito científico e de modernidade, é preciso também notar o desdém tenaz manifestado por Lacan (pelo menos no início dos anos setenta) com relação ao registro da representação formal – o que ele chama de categoria do *imaginário*[6]. Podemos ver nisso a manifestação

---

6 Também é importante não perder de vista que a *regressão formal* que forma o sistema representativo do sonho traduz, entretanto, à sua maneira, a simbolização por outro

nele de um estado de espírito "modernista", com um crédito máximo atribuído às *linguagens* (notadamente informática) e, em última análise, se ouso dizer, à própria linguagem matemática. Porque é fato que uma tal reticência diante da verdade própria das *representações imaginárias* de modo algum era o feito dos sábios da Renascença, do século XII, menos ainda dos gregos da Antigüidade. Algo se produziu com os Tempos Modernos (sobretudo a partir de Descartes) e se radicalizou ainda na segunda metade do século vinte com o *boom* das telecomunicações, no sentido de tornar o método das ciências físicas cada vez mais excludente quanto a todo encaminhamento que se propusesse levar em conta as condições de exercício da subjetividade.

Um retorno necessário a Aristóteles

Um autor israelense, Yeshayahou Leibowitz (1987), traz um esclarecimento precioso sobre esse assunto. Ele notadamente busca melhor explicitar o atual paradoxo das ciências ditas "humanas" a partir da constatação de uma verdadeira mutação no encaminhamento científico moderno referente à própria noção de *causalidade*; com efeito, ele considera que esta foi consideravelmente restringida no que se conveio chamar hoje de um encaminhamento científico.

Uma recordação sucinta sem dúvida não é supérflua. Leibowitz retoma primeiro certas considerações fundamentais expostas pelo sábio de Córdoba Maimônides, em seu famoso *Guia de transviados*, em que ele notadamente trata da relação entre os conceitos de *verdadeiro* e *falso*, por um lado, e de *bem* e *mal*, por outro.

Quanto a esse aspecto, avalia Leibowitz, "a linha divisória não separa crentes e não crentes, ela atravessa cada um dos campos e gira em torno da questão: é possível associar essas noções?" (p. 42).

---

lado adquirida na psique do sonhador; nisso ela difere fundamentalmente da alucinação do psicótico, que se produz *em falta de simbolização*. Por isso, o potencial significante das figurações do sonho vai poder ser restituído através das associações de idéias, uma vez desperto, ao passo que este não pode ser o caso do delírio ou da alucinação de natureza psicótica.

O matemático francês Henri Poincaré já julgava (1905) que "A moral e a ciência têm seus campos próprios que [se tocam mas] não se penetram". Ele especifica: "Uma nos mostra que objetivo devemos visar, a outra, estando dado o objetivo, nos fazer conhecer os meios de alcançá-lo. Elas nunca podem, então, ser contrárias, já que não podem se encontrar". E conclui: "Não pode haver ciência imoral, como não pode haver moral científica".

Mas é em relação ao pensamento de Aristóteles, referência de base, como se sabe, de todo encaminhamento científico até a aurora dos tempos ditos modernos (século XVII), que se pode avaliar quanto as coisas vieram a se colocar hoje em dia em termos totalmente novos. Aristóteles havia exposto como regra geral que "compreender alguma coisa é conhecer as causas dessa coisa". Ora, é justamente quanto a essa noção de causa que nossa modernidade radicalmente mudou os dados do problema. Com efeito, Aristóteles distinguia quatro tipos de causas:

1. Primeiro o que ele chama "a causa material", isto é, a matéria mesma de que a coisa é feita – uma mesa de madeira, por exemplo. Mas vê-se imediatamente que se trata aqui de uma causalidade insuficiente para explicar a existência da dita mesa – que esta necessita também de um *agente transformador* do material (madeira) que disponha dos meios apropriados.

2. O carpinteiro (com seus meios) representa, então, "a causa eficiente" da existência da mesa. Mas, para Aristóteles, isso ainda não é suficiente: nada obrigaria o carpinteiro a agir. Para compreender a existência dessa mesa devo, então, supor no carpinteiro uma *intenção* de fabricá-la.

3. É essa intencionalidade (objetivo) que Aristóteles chama "a causa final".

Mas as três causalidades – material, eficiente e final – ainda não são suficientes: Aristóteles considera que a esses três fatores necessários deve se acrescentar um quarto.

4. É a *imagem* (modelo) que o carpinteiro tem em sua mente quando constrói a mesa; Aristóteles a chama de "a causa formal". Vê-se que, como bom grego antigo, ele assim eleva a representação formal (o imaginário para Lacan) ao nível de fator causal.

Aristóteles queria, é claro, aplicar essas categorias causais ao conjunto das ciências ditas naturais. Nele, isso advinha de uma concepção filosófica geral que comportava notadamente essa convicção de que toda coisa existente na natureza devia ter sua finalidade – isto é, se originar numa espécie de *intencionalidade.*

Feita esta recordação, vê-se que a cientificidade de hoje em dia considera apenas um desses quatro registros como causal propriamente dito, o da *causa eficiente* – enquanto A torna necessária a existência de B, isto é, a causalidade estritamente *dedutiva.*

Com efeito, a *materialidade* de um objeto só é considerada como uma *condição* prática, mas não como uma causa (da existência da mesa); quanto à causa *formal*, só intervém na mente daquele que percebe o objeto, não no próprio objeto; por fim, a *causa final* foi também definitivamente excluída do campo das ciências naturais, já que se originando apenas na intencionalidade subjetiva do homem.

É sobre esse último ponto, decerto, que vem entrar em jogo o essencial do que pode dizer respeito ao método de nosso encaminhamento de psicanalista. Porque, se é incontestável que a ciência moderna ficou assegurada de uma eficiência maior graças a uma tal restrição metodológica, certamente não é pelas mesmas vias que os psicanalistas podem pensar alcançar algum rigor numa prática que visa apreender o determinismo próprio da subjetividade humana[7].

Para retomar os próprios termos de Aristóteles, pode-se fazer observar que o rigor de nossa abordagem do determinismo subjetivo não poderia se reduzir apenas ao registro da causalidade que ele chama de *eficiente.* O registro das *causas finais*, assim, aliás, como o das *causas formais*, intervém necessariamente, e de maneira central, no determinismo do funcionamento psíquico. Porque este é descrito precisamente por Freud como intrinsecamente *finalizado*, sustentando-se pelo que ele chama as "representações-alvo".

É um fato que as ciências ditas humanas, no momento em que ambicionam ajustar-se às leis em vigor nas ciências da natureza (isto é, que consideram o homem como um dos *objetos* dessa mesma natureza), confrontam o pesquisador com uma escolha inelutável, uma escolha de encaminhamento

---

[7] Uma ilustração clínica muito cuidadosa foi recentemente proposta por nosso colega americano de São Francisco, Owen Renik (1998), referente à subjetividade e à objetividade do analista na sessão.

de rigor. Com efeito, das duas uma: ou bem se pretende se ater a um encaminhamento experimental conforme às ciências (objetivas) da natureza e se cai então na incapacidade de dar conta da subjetividade como tal, ou bem se visa um encaminhamento de conhecimento dessa subjetividade, e é preciso então integrar como elementos de causalidade as *representações-alvo* saídas do desejo inconsciente, mas se deve renunciar a ter lugar entre os encaminhamentos "científicos" propriamente ditos.

Parece que muitos Institutos de psicanálise pelo mundo não estão prontos para assumir um tal luto – sem dúvida porque imaginam que enfraqueceriam o crédito da psicanálise ao retirar do caminho o saber objetivo das ciências naturais.

Concluirei, então, estas breves considerações sobre a cientificidade sugerindo que o perigo poderia ser exatamente inverso: que a psicanálise se exponha mais certamente a desaparecer quando ela ambiciona se fundar nas ciências objetivas; ou, ainda, quando busca sua caução no discurso filosófico. São para ela dois caminhos para perder seu rigor próprio – o que convém a seu objeto específico, subjetivo e inconsciente.

A primeira ameaça (objetivante) pesa sobre Institutos de psicanálise excessivamente preocupados em dar uma aparência *científica* a seus programas de pesquisa: a pesquisa do determinismo subjetivo inconsciente não se arrisca então a ser, pura e simplesmente, expulsa? A segunda (filosófica) é ilustrada através do recente sucesso de um revisionismo crítico como o de Borch-Jacobsen. Vimos, na França, psicanalistas se entusiasmarem por ele – ao menos enquanto ele parecia apenas visar Lacan. Até o momento de verdade que desvela a *causa final* de seu encaminhamento: jogar fora Freud com a água do banho[8]...

Simbolização e ausência

Admitir que o objeto do trabalho psicanalítico é essencialmente o *processo de subjetivação* leva a considerar como este se apóia essencialmente

8 François Roustang percorreu uma trajetória crítica um pouco semelhante, que chegou à... hipnose reencontrada...

no trabalho de *simbolização*. Precisamos aqui voltar a partir dessa observação basal de Freud, de que só se pode simbolizar alguma coisa com a condição de poder pensar sua ausência. Encontramos aqui o papel pivô do reconhecimento possível da *falta* da mãe, enquanto governa as chances, para um sujeito em desenvolvimento, de chegar a se situar na simbólica sexual.

Digamos que a condição chave da colocação em jogo simbólica de uma representação é que a ausência possível do objeto que ela representa seja concebível sem excesso de dano narcísico[9].

A fim de melhor especificar, nesse aspecto, o que é um *significante* e o papel chave que lhe cabe na subjetivação, penso esclarecedor retomar aqui, segundo Lacan, o destino, na vida psíquica, dessa figura emblemática que é o *falo*. Com efeito, o devir deste pode ser considerado como exemplar enquanto ilustra da melhor forma a mutação qualitativa que permite a uma imagem adquirir um pleno funcionamento significante – no caso, vir a representar a ausência possível inerente à sexuação e, daí, o desejo, de maneira a entrar em jogo como referência maior para uma melhor subjetivação do jogo pulsional sexual.

---

9 Por isso me pareceu necessário começar por reexaminar a questão da *recusa* (*de ausência*) [Penot, 1989-1991].

7.
Significante falo e subjetivação sexual[1]

É um fato que o falo (representação do órgão viril em ereção) exerceu, em todos os tempos e nas mais diversas culturas, a função de representar o desejo humano. Mas essa própria representação veicula como que um paradoxo intrínseco cuja incidência *econômica* é bem ilustrada através do caso, relatado por Freud, de certos adultos que ficam fixados na representação imaginária da "mulher com pênis". Uma espécie de parada na imagem se manifesta neles, nesse sonho padrão em que, diz Freud (1908), "num estado de excitação sexual noturna, [o sonhador] deita uma mulher, desnuda-a e se prepara para o coito, quando a visão do membro perfeitamente desenvolvido no lugar das partes genitais femininas interrompe o sonho e a excitação[I]". O despertar do sonhador vem aqui sancionar o fracasso do sonho em fornecer uma solução em termos de economia libidinal; tudo se passa como se o surgimento do pênis ereto se revestisse, em si mesmo, de um caráter traumático, interrompendo categoricamente a continuação do objetivo sexual e a busca de satisfação pulsional.

---

1 Este capítulo retoma, no essencial, uma conferência dada na SPP na terça-feira 19 de maio de 1998.

I Tradução brasileira: "o indivíduo que sonha, num estado de excitação sexual noturna, subjuga a mulher, despoja-a de suas vestes, mas quando vai realizar o coito vê no lugar dos genitais femininos um pênis bem desenvolvido, e põe fim ao sonho e à excitação".

Recusa de ausência e invalidação significante

Sabe-se que a *recusa da ausência de pênis* na mulher foi considerada por Freud como modelo prototípico da recusa da realidade. Ora, tudo se passa como se o reconhecimento da ausência de pênis fosse fonte de um violento desprazer (que a recusa deveria evitar), ao passo que o surgimento alucinatório do pênis ereto na mulher do sonho se revestia também de um caráter traumatizante. Um tal impasse funcional deve nos fazer suspeitar que a representação do falo não poderia ser tomada simplesmente pela imagem de um objeto (parcial) de desejo, que lhe é preciso adquirir um *valor significante eminentemente mutativo e paradoxal* para permitir à economia psíquica superar o trauma da sexuação, e para que um sujeito sexuado possa se sustentar como desejante.

Tão logo empreende dar conta da sexualidade infantil, Freud afirma que a criança habitualmente atravessa *um tempo de* recusa e que são as modalidades de superação deste que vão determinar as condições de acesso funcional à genitalidade. No entremeio, o que Freud escolhe chamar de "fase fálica" se caracteriza no menininho por uma dominância imaginária do atributo fálico associado a uma busca de gozo masturbatório – o qual se encontra, na menina, localizado no clitóris, sendo dada a falta de identificação sensual da vagina.

Lacan vai radicalizar a afirmação de Freud ao sustentar que devemos partir do fato de que a mãe é primeiro imaginada como fálica pela criança – seja menino ou menina. Daí resulta, diz ele, que "a significação da castração só toma seu alcance efetivo quanto à formação dos sintomas a partir de sua descoberta como castração da mãe" (1964). Essa tendência primeira de representar para si a mãe como detentora do falo se impôs como um dado de base na descoberta freudiana do sistema inconsciente, feito de elementos relativamente estáveis que Freud escolheu chamar de *representações de coisa.* Uma descoberta princeps de Freud a partir dos sonhos (1900) é que essas representações de coisa podem formar seqüências significativas de acordo com o procedimento do rébus.

Dessa *outra cena* do Inconsciente provêm mensagens cuja significação possível Freud se aplicou em decifrar – nos sonhos, então, mas também na formação dos sintomas neuróticos. Quanto a isso Lacan faz observar que essa idéia de um *discurso* que emana do inconsciente não poderia ser qualificada como um qualquer culturalismo (menos ainda como idealismo), já que não se trata, aqui, da linguagem como instrumento verbal de troca social. Já evocamos isso ao examinar a noção de *significante* no fim do precedente capítulo.

Ora, entre essas representações de coisa, a do pênis ereto (falo) intervém de modo exemplar no modo de expressão particular do sistema Inconsciente, o processo primário de pensamento. Na ótica própria da psicanálise, a representação mental do falo não poderia, então, ser mantida pela simples imagem (estática) de um objeto libidinal – seja ele declarado parcial, interno, bom ou mau – e menos ainda equivaler ao órgão viril real, o pênis, que ela simboliza (isto não é um cachimbo! diria Magritte).

O falo, pensa Lacan, é convocado a desempenhar no Inconsciente nem mais nem menos que o papel de um *significante*! Mas um significante completamente privilegiado na economia psíquica. Por quê? Se a representação do falo sempre esteve no centro das iniciações, no Egito, na Grécia, e até nos Andes, sem dúvida é porque, como imagem do pênis ereto, ela constitui o elemento mais proeminente da cópula real de engendramento. Em todos os tempos teve a vocação de ser *simbólica*, no sentido etimológico de constituir uma das duas peças de uma cópula, de uma desmontagem assimétrica, não especular (peça macho remetendo a uma peça fêmea). Além do mais, esse lugar universal da representação fálica diz respeito a essa propriedade singular de *turgidez* do pênis – o que Ernest Jones nomeou sua "afânise", isto é, sua aptidão específica para o desfalecimento pelo fato da intermitência de sua ereção. Por isso a imagem do pênis ereto sempre foi capaz de representar nos dois sexos as incertezas cruciais do ser e do ter.

O interesse da proposição lacaniana é explicitar a necessidade de uma mutação na significação do falo. Essa imagem estática do pênis ereto, figura de completude e de suficiência que Lacan nomeia *phi* (φ), com efeito deve evoluir para o estatuto simbólico de representar o desejo como este que é, ao contrário, da alçada da confissão de uma falta – é a função dita *menos phi* (–φ) da castração. A representação mental do pênis ereto tem assim vocação de se prestar a significar esse paradoxo do desejo não apenas pelo fato da intermitência da ereção peniana, mas também em razão da ausência visível do pênis na metade dos humanos. Então, é precisamente a *confissão* do desejo que a imagem do falo vai representar, a partir do fato de que a mãe deseja aquilo de que ela se reconhece em falta.

Retomando aqui os termos da famosa definição lacaniana do significante[2], podemos dizer que o significante falo terá então a capacidade de se articular com um significante qualquer da falta materna para representar o sujeito de um desejo. É assim que o falo vem a constituir uma representação pivô, emblemática da submissão do outro parental à ordem da troca simbólica – isto é, da *des-totalização* desse outro, condição do destacamento do sujeito de um desejo.

A apreensão, pela criança, da demanda de amor de sua mãe intervém de maneira decisiva não tanto para ajudá-la a daí deduzir em que medida ela mesma seria ou não detentora de um falo efetivo, mas enquanto "assim aprende que sua mãe não o tem, pelo próprio fato de que o demanda". E são precisamente as condições da ultrapassagem da recusa da falta (materna primeiro)[3] que vão determinar as diferentes modalidades sintomáticas que o complexo de castração pode apresentar, a começar pela fobia, como no *Pequeno Hans* (Freud, 1909). É incumbência do psicanalista avaliar, em cada caso e em cada momento dinâmico de um tratamento, o lugar do significante falo, pelo qual se verifica que homem e mulher podem ser "brincados" diferentemente.

Nessa ótica, não podemos deixar de ficar atentos aos ensinamentos dos tratamentos de *homossexuais*, através dos quais vemos particularmente bem como as coações posicionais da escolha sexual vão estar em jogo por relação à representação fálica. Sabemos que a homossexualidade masculina se encontra essencialmente polarizada do lado da marca efetiva, no parceiro, do *ter* fálico, cuja presença manifesta (fetiche, a meio caminho da significância) se verifica necessária à sustentação do desejo.

Quanto à homossexual mulher, ela está antes ancorada na necessidade de obturar a decepção vivida pelo fato de um pai percebido como tendo falhado em dotá-la falicamente[4]: pãe-mãe simbólico, então, falóforo e não

---

2 "Um significante representa um sujeito para um outro significante".

3 É a tese central de meu livro *Figuras da recusa – aquém do negativo*, Artes Médicas, 1991.

4 Sem dúvida, é a forma que toma tipicamente, na lésbica, a "metáfora paterna", isto é, a transferência para o pai de uma decepção inicialmente vivida com a mãe.

marcado pela impotência como o pai da histérica. O pai da lésbica também é ao mesmo tempo idealizado, imitado e odiado, o que vai reforçar ainda mais nela a vertente da demanda de amor na direção de outra mulher, como Freud pôde apreender na sua jovem paciente homossexual (1920b).

O fato de haver tido ultimamente em análise várias mulheres homossexuais me impeliu a melhor reconsiderar a evolução singular e paradoxal que deve se realizar na colocação em jogo do representante falo, com a espécie de reviramento mutativo do qual lhe é preciso ser o suporte no processo de destacamento do sujeito do desejo. Constata-se que é, antes de tudo, através da superação da dificuldade de viver uma certa *apassivação* que um tal enriquecimento subjetivo vai poder ser alcançado; e está aí uma prova que se verifica particularmente problemática para os homossexuais.

O tratamento de Nicole

Falarei do tratamento de Nicole, que começa sua análise com a idade de quarenta e dois anos. Ela então se dizia no fim de alguma coisa: "no fim de um ciclo". Sua apresentação era bastante caricatural de um tipo de lésbicas que qualificamos de *caminhoneiras*: muito *machona*, usando cabelos curtos, havia adquirido o hábito de paquerar moças estrangeiras e bastante desamparadas. Foi na ocasião do retorno de sua última *namoradinha* que ela veio a se "sentir cansada desse sistema", em que incessantemente ocupava a posição ativa e dominante, e a imaginar uma relação "mais enriquecedora" para ela. Por outro lado, ela rápido me fará compreender que a gravidade do estado de saúde de seu pai idoso havia sido determinante nesse requestionamento crítico.

Nicole havia crescido numa cidade de província em que seu pai dirigia uma empresa muito conhecida. A mais velha de três filhos, ela havia sido designada para ser a sucessora – antes ela que seu irmão dois anos mais novo que penava em seus estudos. Mas uma repentina báscula se produziu nela em torno dos vinte e cinco anos: após estudos de comércio, ela bruscamente rompeu com sua família e com um noivo diplomata para ir viver na América com uma namorada, Victoire, que a fascinava por suas audácias de jornalista. Ela me descreve Victoire imperiosa e possessiva, com cóleras sobre as quais Nicole se dá conta de que se pareciam com as do pai de sua infância. De fato, sua fuga para o outro lado do Atlântico foi consecutiva a sua descoberta da falência da famosa empresa paterna, por longo tempo disfarçada por ares altivos de fachada. Digamos que o falo paterno se mostra então, para ela, em sua dimensão de ilusão decepcionante.

Sabemos que o sentimento de ter sido *enganada* constitui um dado cardinal identificado por Freud no caso de sua jovem paciente homossexual (1920): ele aponta a decepção experimentada por essa filha que esperava receber um falo do pai – no caso, ter um filho dele.

É preciso saber que Nicole adotou, bebê, um menininho, mestiço de negro e de índio, que tem sete anos quando de nossas primeiras entrevistas e do qual ela parece se ocupar cuidadosa e inteligentemente.

Quando empreende sua análise comigo, seu pai está num estado lamentável: afligido por uma grave Parkinson, recusa se submeter às prescrições. Ela critica de maneira acerba esse tirano doméstico de comportamento pueril. Após um ano e meio de análise, o pai de Nicole vai finalmente morrer em condições bastante abjetas.

Ela então tem vários sonhos: "Num", me diz ela, "está Victoire, minha antiga amante; ela me enlaça, me abraça, está muito amorosa e diz: 'Tudo bem, vamos ter um filho juntas'. Mas eu lhe respondo: 'Você não quis quando eu queria, sem essa agora'. É pura vingança, porque, de fato, tenho muita vontade do filho". Nicole apreendeu o deslocamento que se operou nesse personagem Victoire a partir de sua decepção do lado paterno.

Ela fala de sua última namoradinha, que partiu para o outro lado do Atlântico, que se arranjou, diz ela, com "um homem razoável e simpático, não machista e que se mostra simpático com seu filho [...]. Ela sempre continua a me dar a impressão de que tem como que uma espécie de vazio dentro, de que é bastante nula".

Eu lhe comunico o quanto fico espantado com essa maneira como ela fez equivaler feminilidade, vazio e nulidade.

Ela então grita pateticamente: "Sim, é terrível. Eu me pergunto: estamos condenados a uma forma de imobilidade ou podemos mudar? A psicanálise pode me mudar, ou apenas me fazer aceitar, me resignar? [...]. Eu me pergunto por que escolhi todos esses anos moças assim, vazias e sem projeto. Decerto elas se penduravam em mim, isso me dava uma mestria, um domínio. Mas, agora, eu gostaria de alguém que tenha alguma coisa!".

– Desta vez, seria uma grande mudança.

– "Acho que, paradoxalmente, me valorizaria mais. Mas não é o mesmo encaminhamento".

– Não é o mesmo encaminhamento de sedução?

– "Sim, efetivamente, será preciso que eu volte a pensar sobre isso. Creio que não tenho mais a inocência de uma certa cegueira" (*sic*).

Mas, ainda desta vez, Nicole vai muito rápido obturar a brecha aberta pelo luto de seu pai: ela se propõe recomeçar muito concretamente com sua primeira namorada Victoire. Não se trata mais de relação amorosa entre elas, mas elas concordam em morar juntas, como associado(a)s – tanto mais que Victoire está adotando, por sua vez, um bebê negro.

Durante os meses que se seguem (seu terceiro ano de análise), Nicole vai me descrever, de um modo cada vez mais crítico, uma Victoire extraordinariamente *macho*, abandonando sua filhinha adotada para paquerar aos quatro ventos.

Assim sendo, ela própria se torna uma espécie de mulher do lar, o que a faz se sentir identificada com sua mãe, que se esforçava para manter a situação, compensando os malfeitos do pai. Resta que Victoire lhe dá sempre uma impressão de "superioridade".

– "Vejo claramente que foi depois da morte de meu pai que voltei para ela. Tenho a impressão de que ela é como que uma versão melhorada dele (!). Em todo caso, ela soube lutar profissionalmente de uma maneira mais inteligente e eficaz que ele".

Essa maneira que Nicole tem de se referir à eficiência me parece dizer respeito à questão crucial do *ideal do eu* de que ela pode dispor e à sua necessidade de nutrir nela mesma esse operador central ligado à potência efetiva do pai.

– "O amor de meu pai", prossegue ela, "me permitiu adquirir qualidades e recursos; mas seu fracasso e, depois, sua atitude lamentável diante do sofrimento bloquearam minha relação com ele, tiveram um efeito paralisante em mim.

Eu gostaria muito de encontrar um homem", me sai ela bruscamente. "Me parece que a rivalidade seria menor, sendo dadas as diferenças. Com uma mulher, se está mais como que num espelho; um homem é menos apreensível, cada um pode ter seus jardins secretos, relativamente compreensíveis. Com uma mulher é exaustivo demais se compreender, se penetrar demais [*sic*]. Sim, é mais cansativo uma semelhante; o outro quer saber tudo, ela busca a fusão total" (Silêncio).

"Mas, depois de ter visto a maneira como meu pai tratava minha mãe, enganando-a, reduzindo-a a escrava, não posso ser muito confiante. Me vejo vivendo mal estando à mercê de um homem do qual sempre esperaria a traição" (Silêncio).

"Eu me pergunto por que continuo a me depreciar no plano de meu trabalho, a vegetar há dez anos".

Ela se diz que pode pretender mais que "trepar com moças vazias e nulas"; o que a leva a se interrogar: "Que falha se manifesta em mim que eu não vejo?".

Eu lhe digo que sua escolha compulsiva de mulheres jovens portadoras de uma falha tão manifesta talvez servisse a dispensá-la de ter que *lidar com sua falha* na relação amorosa; mas que ela teve que se contentar por muito tempo com esse fato de um prazer-descarga *macho* ao mesmo tempo que se empobrecia numa não-realização profissional.

Ela então parece capaz de entrever que essa recusa da falha nela a impede de receber de um(a) outro(a) o que lhe faltava; e que, nesse aspecto, precisamente retoma a atitude que deplora da parte de seu pai. "Com Victoire, nos diferenciamos cada vez mais desde que temos essa vida juntas. Assim mesmo, me pergunto por que não tenho mais nenhuma vida sexual há vários meses. Não anda mais, não acredito mais... Vejo Victoire paquerar como eu mesma fazia antes; eu era admirada por meu lado duro, macho. Tenho a impressão de ter um novo tipo de defesas [...].

Me parece que isso corresponde em mim a uma desidealização de meu pai. Avalio o quanto seu fracasso foi o produto de sua cegueira, de sua incapacidade de receber conselhos, ou cuidados. Ele sempre desprezou alto e forte meu tio, seu irmão. Ora, me dou conta de que esse homem modesto é, presentemente, mais capaz de transmitir bem mais a seus filhos, porque sua vida é, afinal, bastante exitosa.

Meu filho [ele tem dez anos agora] me irrita. Eu o acho indolente, frouxo, indeciso, fanfarrão. Penso que os homens são fracos, menos lúcidos, mais dependentes. Tenho vontade de sacudi-lo e lhe gritar: seja um homem!".

Eu a faço observar o caráter paradoxal de uma tal injunção, depois do que ela acaba de dizer dos homens em geral.

– "Bom, quero dizer: seja um verdadeiro homem! Estou cheia dessa enganação, dessa aparência. Sempre tenho a esperança de que um homem seja diferente, de encontrar um[5]... olha, um pouco como meu tio".

Saliento que ela me parece tocar, aí, a propósito do *fazer semblante de ter*, algo importante e que lhe diz respeito.

– "Adoraria encontrar o caso concreto de um homem que não seja frouxo, que me mostre que tenho razão de esperar isso. Eu queria fazer de meu filho um homem corajoso. Não sei se é um problema de castração..." (*sic*).

– Seria bem estranho que seu filho fosse o único assim na sua vida.

– "Claro que não, meu irmão mostrou coragem finalmente, soube se opor a nosso pai e partir. Eu teria necessidade de um encontro concreto com um homem".

Nesse momento do tratamento, escolho me abster de interpretar a implicação, na transferência, de sua idéia de encontrar *um-homem-um-verdadeiro*, porque tenho então a impressão de um processo ao mesmo tempo positivo e *nascente*: o esboço de uma moção de desejo em direção a um macho que levaria em conta a castração e do qual, assim sendo, ela poderia efetivamente receber alguma coisa.

Um ano mais tarde, quando inicia seu quarto ano de análise, Nicole me fala de escrever um livro sobre a Polinésia. Mas ela, sempre de tal modo audaciosa e determinada, não pára de hesitar em fazer os contatos úteis. Ela acaba por reconhecer: "Sim, entro em pânico justamente com isso, porque, desta vez, não seria enganação! A idéia de certas críticas de especialistas me faz ficar completamente ansiosa [...]. Retrospectivamente, me divirto lendo papéis que eu escrevia com convicção há alguns anos: era trabalho de amador... Digo pra mim que, se chegasse a fazer um tal livro, seria o fim de minha análise. Seria um verdadeiro parto, que me realizaria".

– Então, compreende-se melhor sua ansiedade!

Ela ri. "Mas tenho como que um *feeling* de que isso pode acontecer. Não é preciso que esse fim horrível de meu pai me corte indefinidamente

---

[5] "Ao menos um" (que não esteja submetido à castração) constitui uma fórmula masculina da sexuação (Lacan).

as pernas. Eu poderia passas algumas semanas na Polinésia, cai justo: meu filho pode partir servindo à marinha".

– Mas sua análise, então[6]?

– "O benefício da análise é justamente poder realizar alguma coisa assim. Se eu renunciasse por causa da análise, seria o sinal de que ela não anda, que me fecho em mim mesma. Pra mim se trata de um parto, precedido de uma gravidez querida. Quanto a meu filho", observa ela então, "tenho também uma dívida de reconhecimento com relação a seus pais naturais, porque o fizeram muito bem"[7].

Através de seu projeto de escrita, Nicole pode abordar efetivamente a problemática da *dívida*. Primeiro no que se refere às fontes que lhe é preciso se proporcionar para sua obra; mas também diante da herança de seu pai e do bom uso a fazer dela. Ela vem a se dar conta de que a falibilidade de seu pai tange, notadamente, ao fato de que ele não podia recusar nada a seu pessoal, que ele devia se mostrar "inesgotável".

Pouco depois, ela me conta um sonho de felação: "Era muito preciso, eu fazia felações com homens que eu distinguia mal, apenas seu sexo em ereção". Ela associa em dois registros misturados: ela se vê, por um lado, assim consagrada a fazer gozar um macho (-pai?) portador de pênis; e, por outro, mamando avidamente, *bombeando*, diz ela, esse mesmo pênis (inesgotável[8]?). Isso a faz se lembrar de um sonho em que se vê grávida. "Isso agora", grita ela, "é a primeira vez!...

Sem dúvida tem a ver com o projeto de meu livro de que eu lhe falo [...]. Seria como um certo poder incorporado. Tenho ancestrais que exerceram um papel na descoberta das colônias de além-mar. Sem dúvida procuro prolongar algo da aventura deles com meu livro".

Seria, diz ela ainda, "como o fim de um percurso iniciático" – percurso do qual um outro episódio marcante foi a adoção de seu filho.

Mas eis que ela começa a me expressar sua satisfação por descobrir uma outra maneira de ser, "utilizando meu interior", diz, para receber obras

6 Busco salientar-lhe minha posição de *sofrer* seu projeto.

7 Esse reconhecimento tipicamente falta nos pais adotivos patógenos (ver capítulo 6, o caso Angel).

8 O caráter materno desse pênis aparece bem aqui.

de um amigo artista e expô-las. "Me sinto muito bem de receber essas coisas na minha casa e, ao mesmo tempo, as pessoas para apreciá-las. Como não pensei mais cedo em utilizar meu espaço dessa maneira?". Ela se sente, presentemente, mais criativa, "mais receptiva e mais fecunda"; começa a ter pena de seu *alter ego*, Victoire a paqueradora.

O tratamento de Nicole me parece testemunhar um processo mutativo na relação psíquica da paciente com o referente falo, o qual tende a tomar para ela a funcionalidade de um verdadeiro significante, no sentido de que é justamente *sua ausência física possível* que ela vem a apreender como podendo ser fecunda. Vemos, ao mesmo tempo, que ela pode desenvolver uma aptidão nova para se colocar em jogo de um modo receptivo-passivo, com um gozo subjetivo consideravelmente enriquecido e fonte de criatividade.

Em "Quelques conséquences psychiques de la différence des sexes au niveau anatomique [Algumas conseqüências psíquicas da distinção anatômica entre os sexos]", Freud (1925b) volta a falar da recusa habitual (de ausência do pênis na mulher) da parte do menino, para em seguida dizer "que acontece diferentemente com a menina. Num instante", diz ele, "sua decisão e seu julgamento são interrompidos. Ela o viu, sabe que não o tem e quer tê-lo [II]" (p. 196). Assim, uma mulher se caracterizaria pela problemática de *obter* o pênis (do pai) – de onde uma propensão a *invejar* esse pênis no outro. Mas ele acrescenta que há mulheres nas quais "a esperança de, assim mesmo, acabar um dia tendo um pênis e daí se tornar igual ao homem pode se manter até tempos incrivelmente tardios e se tornar o motivo de ações singulares, de outro modo incompreensíveis [III]".

Vê-se que esse segundo *ter* em que consiste a recusa (de ausência) se diferencia fundamentalmente do primeiro (*ela sabe que não tem e quer tê-lo*), porque se origina na idéia de ser constitucionalmente portador. A distância entre possuir por si mesmo (constitucionalmente, de nascença) e receber de um outro (significante do dom) evidentemente é capital. A pon-

II Tradução brasileira: "A menina se comporta diferentemente. Faz seu juízo e toma sua decisão num instante. Ela o viu, sabe que não o tem e quer tê-lo".

III Tradução brasileira: "A esperança de algum dia obter um pênis, apesar de tudo, e assim tornar-se semelhante a um homem, pode persistir até uma idade incrivelmente tardia e transformar-se em motivo para ações estranhas e doutra maneira inexplicáveis".

to de ser precisamente nesse ponto de sua obra que Freud vem a empregar pela primeira vez a forma substantivada do termo recusa (*Verleugnung*), que deste modo enfim chega (1925b) ao nível de conceito maior de sua teoria.

A mulher que recusa (sua falta de pênis) permanece ancorada na idéia de uma superioridade fálica por constituição e não recebida como dom – isto é, ela se situa imaginariamente do lado masculino da sexuação. Enquanto que as mulheres ditas *femininas* se comprazem em entreter mais ou menos discretamente entre elas uma conivência divertida referente ao fato de que nenhum falóforo manifesto deixa de ter desfalecimentos, esse consenso tipicamente falta na lésbica. Também podemos considerar que seja um progresso para Nicole, na direção do ser-mulher, chegar à idéia de encontrar um macho que não estaria na impostura (da falicidade constitucional), que saberia assumir sua castração – no sentido, talvez, em que o velho Diógenes dizia *procurar um homem*...

O tratamento de Nicole vai então me permitir ser testemunha de uma saída de sua *latência*: durante seu último ano de análise, ela chega a constituir uma relação amorosa nova. Certo que se trata ainda de uma parceira mulher; mas é uma relação que parece ter perdido as características perversas de suas ligações anteriores. Estas se manifestavam polarizadas num modo de satisfação unívoco e um pouquinho fetichista – primeiro com Victoire, numa condição de efebo dominado e submisso, e, depois, com as parceiras seguintes, num modo dominador fálico.

É significativo que essa parceira nova tenha começado por ser a colaboradora de uma troca equilibrada na realização do livro de Nicole (cujo apreciável sucesso lhe abre perspectivas novas de vida). No mesmo sentido, ficarei espantado ao ouvir que Nicole – um pouco como Vera (capítulo 2) – conseguiu *in fine* instaurar um novo modo de interação com sua mãe, interação que comportava uma reversibilidade posicional muito mais rica, e numa troca substancial e não apenas fantasística.

Para concluir com o papel chave da mutação qualitativa do falo como representação, tudo se passa como se ela fosse emblemática dessa crista sobre a qual a psicanálise tem como destino *surfar*, ainda e sempre: é uma linha de báscula entre a representação de objeto parcial como tal, com seu lastro narcísico de imagem de órgão, e a necessidade, para essa mesma representação (de coisa), de desenvolver uma potencialidade significante apta a fecundar as figuras da falta e do dom. Em suma, eu diria que *nossas representações de coisa têm vocação de vir a trabalhar como significantes* (como no sonho). Nesse sentido, parece-me que toda prática da análise que se deixe ir excessivamente de um lado ou do outro (da relação de objeto em sessão, *hic et nunc*, ou do puro jogo do significante verbal) rapidamente se expõe a uma forma de esterilidade conceitual[9].

Precisamos examinar agora esse destino pulsional particular que é a *sublimação*. Primeiro porque esta contribui muito para desenvolver a capacidade de gozo subjetivo, e também porque permite circunscrever a natureza tão problemática do objeto da pulsão; ela é, por fim, capaz de esclarecer o papel necessário da pulsão de morte (de desligação) no próprio processo de subjetivação.

---

[9] Se se pode considerar a *ego psychology* como uma vertente redutora do pensamento de Freud, um certo lacanismo que tem como eixo apenas o significante verbal se verifica comparativamente também redutora da contribuição de Lacan.

8.
Sublimação, latência e subjetivação

O impulso pubertário é precedido pelo que os psicanalistas continuam a chamar, com Freud, de *um período de latência*, considerado como se estendendo aproximativamente entre sete e onze anos. Essa noção de "colocar em latência" sobretudo pretende designar um estado de renúncia temporária a satisfazer as pulsões sexuais sob o modo direto, isto é, sob o modo da descarga (prazer). Sabe-se que Freud, em sua perspectiva genética do desenvolvimento do aparelho psíquico, situou esse período de latência entre dois períodos "quentes": o dito edipiano, em torno de 4-5 anos, e o do despertar pubertário – períodos em que tende a se exacerbar a busca de uma satisfação-descarga por meio da masturbação. O interessante é que o período intermediário dito de latência geralmente se verifica como um tempo decisivo para a aquisição de capacidades *sublimatórias*. De fato, essa conjunção entre colocar em latência e sublimação não é muito espantosa, se se considera com Freud que a sublimação realiza precisamente um modo de satisfação sem descarga; voltaremos a isso.

Para além da clínica própria à adolescência, tive a oportunidade de observar a importância particular de uma certa latência nos tratamentos psicanalíticos de pacientes *homossexuais*, homens ou mulheres. O que vem corroborar esse fato de que o processo de um tratamento deve freqüentemente voltar a partir do momento da vida em que um processo transformador foi interrompido (no caso, sem dúvida a pré-adolescência). Pudemos ver o tratamento de Nicole (capítulo 7) desembocar na aptidão crescente dela para sustentar a tensão do desejo e uma certa *apassivação*, notadamente através de destinos pulsionais novos de tipo sublimatório; mas essa mutação levou longo tempo para se efetuar através de um *colocar em latência* suas atividades propriamente sexuais[1].

Também é depois da latência que a crise pubertária tem seu início manifesto, produzindo algo no nível do organismo que propus designar como *uma mudança de regime pulsional* (Penot, 1995b). Com efeito, aqui o conceito de pulsão, inventado por Freud para designar, no ser humano, essa dinâmica intermediária entre as energias do corpo e as da psique, parece dar conta do que se passa quando um jovem deve integrar uma energética nova (e sexual) a fim de se tornar um "sujeito novo" (Freud, 1915b). É nessa perspectiva que nossa prática com adolescentes em crise nos leva a avaliar, para cada caso, em que medida os investimentos do período de latência terão *aparado o golpe* de maneira a poder se adaptar, antes que se verem suprimidos pelo reaquecimento sexual pubertário.

Mais precisamente, direi que, através da tormenta dessa mudança de regime econômico[2] que caracteriza a passagem pubertária, vai se tratar de observar, *só-depois*, em que medida o colocar em latência da segunda infância terá permitido a instauração de sublimações verdadeiras (pulsionais), ou se se trata, antes, de formações reacionais defensivas e de contra-investimentos de caráter principalmente repressivo, originando-se na famosa *força do eu* e expostas, como tais, a ser facilmente suprimidas pela desestabilização pubertária.

Precisamos, agora, reexaminar esse destino pulsional que é a sublimação, porque é fato que ela contribui de modo maior para assegurar aos sujeitos dos dois sexos uma capacidade aumentada de gozo e de realização pulsional, ao mesmo tempo que fornece um esclarecimento referente à difícil questão do objeto da pulsão.

Sabemos que Freud não redigiu a quarta parte de sua "Metapsicologia" (1915), que deveria tratar – depois de Destinos das pulsões, de o

---

[1] Com Michel de M'Uzan, começamos uma discussão no Seminário de aperfeiçoamento de janeiro de 1998, a fim de determinar se o *fim de um tratamento* se parece mais com uma adolescência ou com uma latência.

[2] No sentido, aqui ainda, em que se diz de um motor que ele muda de regime.

Recalque e de o Inconsciente – desse outro destino pulsional que é a Sublimação. Esta ajuda a melhor conceber o sujeito como agente pulsional, mas sob duas condições: primeiro, a de distinguir claramente a sublimação do processo imaginário de *idealização* (tanto do objeto quanto do eu ideal) e, por outro lado (e isso Freud não podia escrever em 1915), a de dar todo o seu alcance ao fato de que a satisfação pulsional sem descarga que especifica a realização sublimatória situa esta no *para além do princípio de prazer* (1920) – é assim, com efeito, que a função sujeito (sujeito pulsional) pode ser melhor distinguida das funções defensivas do eu a serviço da redução das tensões de acordo com a lógica do princípio de prazer.

O lugar da idealização

No que se refere à idealização, a clínica adolescente permite avaliar o quanto esse mecanismo *imaginário* constitui para esses jovens ao mesmo tempo um recurso defensivo e um escolho perigoso. Mais do que nunca, é nesse período da vida que talvez seja útil não confundir os registros do eu ideal e do ideal do eu, pois sua incidência na economia subjetiva de jeito nenhum é a mesma. A partir do famoso relatório de Daniel Lagache, em meados dos anos cinqüenta, Jacques Lacan efetuou um trabalho crítico que constitui uma aquisição preciosa para melhor apreender os escolhos da adolescência; é espantoso ver como (sem dúvida por preocupação de *antilacanismo*) numerosos colegas, no entanto familiarizados com a adolescência, mantêm obstinadamente uma conceitualização aquém desse trilhamento operado por Lacan, que no entanto diferencia tão sutilmente formações imaginárias e operadores simbólicos.

O culto aos *ídolos*, sobre o qual se sabe o lugar que ocupa nas devoções adolescentes, ilustra bem como essas figuras narcísicas de eu corporal, idealizado-projetado, se verificam pouco aptas a compensar funcionalmente a carência do operador simbólico interno que é o ideal do eu. De resto, podemos medir muito concretamente o grau de eficiência simbólica interna dessas instâncias em toda a extensão da *violência* agida. Sobre isso, para além da problemática adolescente, é, de fato, a história da espécie humana em seu conjunto que não nos deixa excessivamente constatar como os piores desencadeamentos de destrutividade foram precisamente engendrados pelo culto às figuras do ideal narcísico – a "Psychologie des masses [Psicologia de grupo e a análise do ego]" de Freud (1921) e seu "Malaise dans la culture [Mal-estar na civilização]" (1929) forneceram análises decisivas sobre isso.

Já em "Pour introduire le narcissisme [Sobre o narcisismo: uma introdução]" (1914), Freud afirma categoricamente que "a idealização é um processo que é relativo ao objeto e pelo qual este é engrandecido e exaltado psiquicamente sem que sua natureza seja mudada [I]". Ele prossegue: "Assim, já que sublimação designa um processo que se refere à pulsão e idealização um processo que se refere ao objeto, deve-se manter os dois conceitos separados [II]". E conclui: "A formação de ideal aumenta, como vimos, as exigências do eu e é ela que age mais fortemente em favor do recalque; a sublimação representa a saída que permite satisfazer essas exigências sem levar ao recalque [III]" (p. 99).

Precisamos considerar aqui o que Freud chama de *pulsões sexuais inibidas quanto ao objetivo*, isto é, quanto ao modo de satisfação. Ele claramente expõe que nelas a satisfação pode ser efetivamente alcançada, mas de outro modo que pela descarga; também o *recalque* não tem aí uma participação essencial. Isso é essencial para melhor destacar as características específicas da "solução" sublimatória.

Freqüentemente constatamos que a subjetivação ganha ao se expandir na direção da realização sublimatória, em que o *gozo* do sujeito desejante entretém uma relação paradoxal com a satisfação "normal" pelo *prazer descarga* – o qual marcaria, antes, o limite de interrupção, a finitude do

I Tradução brasileira: "A idealização é um processo que diz respeito ao *objeto*; por ela, esse objeto, sem qualquer alteração em sua natureza, é engrandecido e exaltado".

II Tradução brasileira: "Na medida em que a sublimação descreve algo que tem que ver com o instinto, e a idealização, algo que tem que ver com o objeto, os dois conceitos devem ser distinguidos um do outro".

III Tradução brasileira: "Como vimos, a formação de um ideal aumenta as exigências do ego, constituindo o fator mais poderoso a favor da repressão; a sublimação é uma saída, uma maneira pela qual essas exigências podem ser atendidas sem envolver repressão".

gozo-em-tensão do sujeito (Laznik-Penot, 1990). Mas um tal gozo, altamente subjetivado e sem descarga, pode, por isso, aparecer com a conotação de um certo *masoquismo*: como uma forma de *padecer* ao mesmo tempo que de gozar. Benno Rosenberg (1991) salientou entre nós o papel chave do masoquismo no processo mesmo de subjetivação.

A solução sublimatória

Lacan continuou vigorosamente a proposição de Freud referente aos traços específicos da sublimação pulsional, a partir da idéia freudiana inicial de que se trata de um modo de satisfação direto e efetivo da pulsão. É sobretudo nisso que o procedimento sublimatório se distingue dos compromissos resultantes do *recalque* dos representantes pulsionais, com o inevitável *retorno do recalcado* que se disfarça em sintomas neuróticos. Resta que, se a sublimação consiste em uma mudança do objetivo (isto é, do modo de satisfação) da atividade pulsional como tal, é uma via de realização subjetiva que evidentemente é preciosa para um jovem descobrir o mais cedo possível.

Podemos constatar na prática que não é principalmente a repressão da sexualidade pelo parental que pode estimular uma criança para a descoberta de realizações sublimatórias, mas, em primeiro lugar, a experiência que ela vai fazer do caráter limitado e decepcionante de seu prazer sexual imaturo – comparativamente a outras realizações, que, em troca, ela já tem a capacidade de conduzir de maneira satisfatória. A partir daí, é habitual constatar que o exemplo incitativo do adulto amado se verifica um fator por outro lado mais determinante que a coação e as ameaças – tanto continua verdadeiro que o "faz o que eu digo mas não faça o que eu faço" que emana do adulto nunca se verificou muito operante...

É aqui que devemos precisar mais a diferença a estabelecer entre *supereu* parental repressivo e *ideal do eu* transmitido. Direi que este último representa algo da espécie de um "saber gozar" pulsional que o jovem pode perceber como lhe sendo acessível e, além do mais, recomendado e apreciado. Uma formulação de René Diatkine em sua atividade de psicodrama, no início dos anos setenta, me ajuda a concebê-lo melhor: acontecia-lhe falar de "identificar-se com uma função" a propósito do acesso de um jovem a uma gestão efetiva de um aspecto da realidade (seu gozo, então); essa formulação coloca no caminho de compreender como o ideal do eu se constitui especificamente pela *introjeção* de operadores psíquicos parentais, a partir da percepção (sem dúvida precoce) de índices de gozo parental efetivo resultante de um certo saber-fazer com a realidade.

Essa incitação não deve, por exemplo, ser confundida com o caráter essencialmente ameaçador, intimidador e repressivo do supereu. Propus caracterizar este último como sinal internalizado do limite da complacência parental. Sabemos que a ameaça de perda de amor exerce um papel decisivo no início do processo de recalque (Freud o salientou muito) e, pois, na constituição dos sintomas. Seus efeitos se verificam *a contrario* na virulência de que pode dar prova o supereu dos delinqüentes, contrariamente à idéia inversa comumente passada.

Resta que a prática com adolescentes em crise obriga a reconhecer que não é se inspirando principalmente no supereu repressivo que se favorecerá da melhor maneira, para um jovem, a capacidade de ter acesso a gozos sublimatórios[3]. A experiência antes conduz a pensar como necessário ultrapassar hoje a condensação mantida por Freud com sua noção de *supereu paterno* e trabalhar para especificar melhor as três instâncias "super-egóicas" na complementaridade de suas funções –, observando que o campo de ação de cada uma parte, antes, de lá onde se faz a prova do limite da eficácia das outras.

Especificar o ideal do eu

Jacques Mauger e Lise Monette não deixaram de salientar no congresso de Montreal (junho de 2000) as "dificuldades conceituais" de que essas três instâncias continuam a ser a fonte – "de tal maneira", dizem eles,

[3] É uma idéia que tende a carregar consigo aplicações deploráveis, como a decisão de certas municipalidades de extrema direita do sul da França de sistematicamente suprimir os postos subvencionados de animadores de rua para substituí-los por policiais...

"que cada uma delas dificilmente chega a fazer compreender o que tenta delimitar e mais ainda quando se busca defini-las como entidades autônomas *privadas da dialética que as constitui*" (eu sublinho).

Gilbert Diatkine, na sua comunicação nesse mesmo congresso (Diatkine, 2000), posiciona num certo antagonismo funcional o supereu e o eu ideal. Através de ilustrações clínicas bastante expressivas tiradas de sua prática com jovens pacientes, ele mostra como um pode vir servir como antídoto para o outro. Por outro lado, ele especifica muito menos claramente o registro próprio do terceiro ladrão [IV], o ideal do eu.

Proponho considerar que esse tripé (supereu–eu ideal–ideal do eu) só é capaz de assumir sua envergadura tridimensional e sua plena funcionalidade teórico-prática se se parar de querer caracterizar o ideal do eu como sendo, de essência, ideal no sentido narcísico (o que tende a rebatê-lo no eu ideal). Parece-me mais conseqüente especificar o ideal do eu como *operador simbólico*, entretendo como tal uma relação de lateralidade (de contigüidade dinâmica e dialética) com as figuras narcísicas projetadas do eu ideal. Nessa ótica, o ideal do eu pode ser concebido como uma instância fundada precisamente na *introjeção*, a partir dos primeiros momentos da vida relacional, de certas qualidades perceptíveis nas respostas do parceiro parental primeiro – e que normalmente devem começar a se registrar psiquicamente desde a instalação das primeiras trocas pulsionais.

Isso nos leva a afirmar aqui uma segunda posição (em forma de voto): que se renuncie de uma vez por todas a representar a relação entre essas instâncias sob a forma de uma *hierarquia genética* – sendo o eu ideal notadamente encarado como "arcaico" por relação ao ideal do eu que, este, seria mais "evoluído[4]". Parece-me que uma tal visão desenvolvimentista é chamada a compensar uma dificuldade conceitual de especificar os registros psíquicos respectivos (imaginário, simbólico) dessas instâncias. O maçante é que, ao assim hipertrofiar o ponto de vista "genético" segundo uma linea-

IV Em francês, *troisième larron* (alusão a La Fontaine): pessoa que se aproveita do conflito entre outras duas. (NT)

4 Vê-se que minhas duas proposições opõem-se a certas idéias de Janine Chasseguet-Smirgel (1973).

ridade desenvolvimentista unitária, perde-se o dinamismo da visão propriamente *metapsicológica* introduzida por Freud, que concebe uma relação dialética entre instâncias heterogêneas síncronas[5].

Com efeito, podemos pensar que cada uma das três instâncias ditas ideais conhece, na criancinha normal, uma "semente" específica muito precoce. Por outro lado, parece-me importante considerar que os três registros instanciais – inclusive o eu ideal narcísico – continuam a exercer utilmente seu papel, tão "evoluído" quanto se suponha ser em seu desenvolvimento de sujeito humano (a configuração de nossos sonhos não vem freqüentemente no-lo lembrar?). Os suportes representativos de idealização narcísica necessariamente têm que exercer sua participação no seu registro específico em cada um de nós – e é notadamente o que se verifica regularmente na arte.

Disto isto, é preciso insistir no fato de que as soluções sublimatórias se verificam particularmente aptas a integrar a componente pulsional dissociativa, dita "pulsão de morte", em pessoas para as quais a vida amorosa permanece muito difícil de viver sem efeitos mortíferos. As sublimações são precisamente realizações libidinais que têm uma capacidade particular de integrar economicamente uma tal dimensão mortífera, notadamente a saída da experiência familiar primeira. Ainda é preciso que o desenvolvimento sublimatório sob a égide do ideal do eu se efetue numa relação (ligação) suficiente com as duas outras instâncias – supereu e eu ideal.

O objeto da busca sublimatória

Já salientamos o caráter paradoxal do modo sublimatório de satisfação, já que se efetua por outras vias, diferentes do objetivo "normal" de descarga sexual da pulsão. Uma questão surge então: podemos por isso pretender que essa satisfação sublimatória não é sexual? Freud por vezes não deixou de apresentar uma tal concepção, e numerosos autores foram seduzidos por essa boa nova de uma libido que, de sexual na origem, teria enfim se tornado *dessexualizada* (Ufa!).

---

[5] É uma tendência do Relatório de César e Sará Botella, "Figurabilité et régrédience", no 61e Congrès des Psychanalystes de Langue Française (Paris, maio de 2001).

Discutível também aparece a visão, promovida por Melanie Klein, de uma finalidade *reparadora* (imaginária, então) da atividade sublimatória. Todavia, ela tem o mérito de salientar que o sujeito persegue, no seu encaminhamento sublimatório, algo do tipo de um objeto-primeiro-para-sempre-perdido. A solução sublimatória aparece, assim, como tomando seu impulso numa relação no início totalmente arcaica, confirmando, num certo sentido, o que Freud articulou referente ao apoio necessário, no início, da atividade pulsional no objeto da necessidade.

Lacan buscou melhor demonstrar como o que ele chama *objeto (a)* visado pelo enganchamento pulsional deve, de algum modo, ter sido "destacado" do outro-parental primordial, e isso na própria operação pela qual a criança chega à avaliação simbólica desse outro (materno) – noção que não deixa de ter analogia com a famosa *posição depressiva* de Melanie Klein. Os objetos parciais assim psiquicamente "destacados" representariam algo como um resíduo obscuro dos processos de simbolização dos parceiros parentais das primeiras trocas pulsionais, por sua melhor representabilidade no psiquismo.

A corporeidade original dos objetos primeiros da busca pulsional vai levá-los a "cair" num estatuto de vestígios inconscientes, os quais tenderão a suscitar formas sempre aproximativas de re-presentação. Poderíamos falar de *recalque originário* a respeito deles; mas, sem dúvida, é útil observar que esses "obscuros objetos do desejo" se originam intrinsecamente na *categoria psíquica do real*, enquanto formam os resíduos inevitáveis do próprio processo de simbolização (da mãe, em primeiro lugar). Com efeito, essa qualidade fundamental os faz escapar do fenômeno imaginário e estruturante do espelho: *objetos não especularizáveis*, eles não podem servir à estruturação imaginária do eu, apenas causar obscuramente o desejo.

Resta que a produção de tais *objetos-causa* (J. Laplanche) exerce um papel essencial na base da fantasia inconsciente; com a condição de que, na dita fantasia, a *re-presentação de coisa* colocada em cena numa relação interativa com o sujeito poderá figurar apenas de maneira mais ou menos aproximada (meta-fórica) o real do objeto perdido-faltante destacado originalmente da mãe. É precisamente dessa defasagem que a satisfação sublimatória nos dá uma melhor idéia, levando Lacan a propor da sublimação essa definição surpreendente, que "ela eleva um objeto à dignidade da Coisa"! Ele propõe uma lista de tais *objetos a* que comporta apenas *órgãos* da mãe primeira, mas, em todo caso, seu olhar, sua voz, seu toque...

Certo, o objeto suporte da atividade sublimatória é, em geral, inseparável de elaborações imaginárias que se revestem de um valor cultural reconhecido, freqüentemente pouco úteis, mas que dão acesso efetivo a um gozo. Mas Lacan insiste na função de *logro* desses paramentos artísticos por relação ao que se joga de mais fundamental para o gozo do sujeito e que se refere a sua relação com um objeto pulsional, chamado por Freud *das Ding*, a Coisa, e cuja busca a pulsão prossegue.

É a ocasião de lembrar aqui a dificuldade de uso desse termo "objeto" em psicanálise, já que ele serve, em todo caso, para designar o parceiro investido na relação amor-ódio, o *outro semelhante*, o qual certamente não é o objeto da pulsão, mas lhe serve apenas, digamos, de habitáculo em que se encarnar e se personificar. Freud não deixará de insistir na segunda parte de "Pulsions et destins [Os instintos e suas vicissitudes]" (1915) no fato de que o par amor-ódio se origina essencialmente, a seus olhos, em um investimento libidinal do registro narcísico, referente à imagem do corpo global e como tal bastante afastada da problemática pulsional de base.

Essas considerações permitem também melhor dar conta da essência do procedimento que é a *arte*, enquanto esta precisamente realiza a abordagem sublimatória de algo para o qual ela trabalha para fabricar uma vestimenta imaginária através das qualidades de representação manifesta da obra produzida. Isso se origina no fato de que, na vida psíquica, toda representação de coisa já é, em si mesma, uma figuração meta-fórica de objetos-coisa secretamente em causa.

É o que a corrente dita *surrealista* foi tão exitosa em tornar sensível – com a pertinência espantosa do famoso *Ceci n'est pas une pipe!*, do pintor René Magritte. Aliás, Lacan não deixou de qualificar de "montagem surrealista" a apresentação, por Freud, de seu conceito de pulsão (com sua pressão, sua finalidade, seu objeto, sua fonte)...

Por outro lado, observamos (capítulo 1) como Freud, quando busca dar conta da atividade pulsional elementar, não pode evitar empregar termos tomados ao discurso médico sobre as *perversões*. Não é, então, surpreendente que nos choquemos com a mesma dificuldade a respeito da atividade sublimatória: com efeito, é forçoso constatar que esta entretém, por vários de seus aspectos, relações íntimas de contigüidade com o encaminhamento perverso.

Isso se liga, sem dúvida, ao fato de que, apesar de suas vestimentas culturais, a atividade sublimatória tende a colocar *o sujeito* (pulsional) numa relação crua com *a coisa* que causa sua busca. Disso parece justamente que as formas de arte ditas "modernas" dão conta de maneira mais manifesta: a tendência das obras plásticas contemporâneas é, com efeito, negligenciar as vestimentas e disposições imaginárias que foram de rigor no classicismo para dar a perceber uma espécie de relação *bruta* entre o sujeito e sua coisa.

Ainda convém relativizar a novidade desse fenômeno na arte moderna; por exemplo, é espantoso notar, no seio da literatura dita *cortesã* do século XII, as dimensões escabrosas – e mesmo escatológicas – do repertório dos trovadores (evocada por Lacan em seu Seminário VII). Podemos também observar a maneira como certos afrescos considerados religiosos da Renascença italiana têm seu foco, sobretudo, nos desconcertantes traseiros em grande plano, etc.

Pulsionalidade delinqüente

A experiência clínica do que se conveio chamar de *comportamentos psicopáticos* pode contribuir para esclarecer essa questão do objeto obscuro da pulsão. Somos levados a cada vez mais ver crianças e adolescentes destrutivos e mesmo perigosos, que dão a impressão de se entregar a uma atividade pulsional irreprimível. Sabe-se do esforço atual do legislador para se adaptar a essa patologia crescente dos menores. Sugerirei que "o objeto" cuja busca esses procedimentos reiterados prosseguem desesperadamente poderia ser, sobretudo, o *ocupar-se de*, o *olhar*, inclusive a *escuta* do outro parental (de que se tem carência) – bem mais, em todo caso, que os objetos manifestos, derrisoriamente contingentes, da crueldade desses jovens. O fato de que estes reproduzem compulsivamente seus atos delituosos tão só o adulto referente cesse de cuidar deles ou de lhes dar sustentação é evocador nesse sentido. Um pouco como seria, nos mais velhos, o buscado papel de enquadre da prisão (Claude Balier).

Resta que a constituição de uma fantasia subjetivada vai depender da maneira pela qual o outro primeiro (parental) terá sabido se prestar a sofrer a operação de simbolização da parte de seu rebento: prova de *apassivação mútua*, através da experiência reiterada da interação pulsional. Já insisti (com o caso Angel, no capítulo 6) sobre a propensão de certas feridas narcísicas parentais a suscitar um tipo de defesa capaz de duradouramente constituir obstáculo ao trabalho de subjetivação de seu filho ou filha.

Parece que numerosos comportamentos extremos de adolescentes constituem uma tentativa, desesperada, de superar uma certa carência no *discurso mediático (Outro)*, frouxa e complacentemente (comercialmente) espalhado por todos os cantos, sem verdadeiramente confessar suas implicações éticas, que muitos pais se mostram incapazes de explicitar. Esses adultos também podem confusamente perceber essas patologias comportamentais da geração adolescente como uma espécie de *retorno* interpretativo selvagem e persecutório de suas próprias tendências (notadamente sádicas) mal reconhecidas.

Vemos, nesse ponto, como a clínica da *adolescência* pode vir esclarecer nosso questionamento referente a certos *maus sujeitos do ato* (ver o caso Sophie, capítulo 4), mas também referente aos que vão se engajar na via de uma atividade sublimatória. Que se pense, por exemplo, no papel essencial, para muitos jovens de hoje em dia, da capacidade de participar de maneira criativa de uma certa música, ou de uma dramatização – tanto é verdade que tais possibilidades de realização sublimatórias representam para eles uma chance de salvar sua economia psíquica ameaçada[6].

Evidentemente, é uma idéia dominante de numerosos profissionais que intervêm em meio dito *aberto* para modificar o futuro de numerosos jovens em perigo: trabalhar de maneira a lhes abrir, tanto quanto possível, o acesso a satisfações pulsionais construtivas, criativas, antes que de pura descarga mortífera ou de coexcitação aditiva. O acesso a soluções sublimatórias efetivamente se verifica como um fator decisivo para permitir a certos jovens ultrapassar uma situação de risco, carregada de um potencial mortífero mais ou menos manifestamente enraizado no seu meio familiar.

---

6 Disso o personagem do guitarrista ao mesmo tempo genial e tristemente psicopata interpretado por Sean Penn no último filme de Woody Allen, *Sweet and lowdown*, me parece fornecer uma notável ilustração.

Proponho ilustrar isto através do caso de uma adolescente gravemente ameaçada que recentemente pude acompanhar em hospital-dia[7].

O caso Anna

A alavanca decisiva constituída pelas capacidades sublimatórias no futuro de adolescentes em dificuldade dramática pode ser exemplificada através do caso dessa mocinha, Anna, que recebi com treze anos em hospital-dia, em razão da impossibilidade em que ela se encontrava doravante de ficar em qualquer estabelecimento escolar que fosse. Neles ela era então imediatamente acometida por vertigens e por uma doença sincopal que não lhe deixava outra possibilidade que bater em retirada – isto é, em boa *fobia escolar*, voltar a se abrigar em casa. A aparência histerofóbica de seus sintomas não chegava, no entanto, a tranqüilizar-me, pois nenhuma estratégia *contrafóbica* lhe permitia contornar seu terrível *handicap*, e já há dois anos – período que coincidia, como de comum acordo, com sua passagem pubertária.

Rapidamente fomos informados da patologia de seu núcleo familiar ao encontrar seu pai, sem dúvida nenhuma *delirante* sob um modo persecutório muito ativo. As conseqüências desastrosas do delírio *paranóide* desse homem (jurista muito culto, mas marginalizado e por fim alijado) sobre o entorno familiar se viam, é certo, parcialmente atenuadas por suas aptidões humorísticas e intelectuais. Mas seus efeitos invalidantes se confirmavam de ano para ano: praticamente excluído de toda prática profissional, esse pai se verificava incapaz de negociar de maneira vivível em sua vida de família a relação com seus sogros, que ele acusava veementemente de serem "traficantes de alma", e também de órgãos...

Sua mulher, a mãe de Anna, se mostrava, apesar de e contra tudo, uma esposa submissa e manifestamente seduzida. Ela sem dúvida acertava, através do delírio de seu marido, contas bastante pesadas com seus pais, que a teriam mal amado. Resta que estes últimos conservavam a vantagem de um poder financeiro que lhes dava peso na educação das crianças – sendo

---

[7] Trata-se do hospital-dia para adolescentes do Cerep-Montsouris, Paris XIVe.

dada, sobretudo, a decadência profissional completa do pai, no entanto brilhantemente diplomado, mas, no presente, reduzido à indigência e recorrendo cada vez mais aos consolos do vinho tinto. No entanto, ninguém parecia poder atingir seus poderes domésticos: ele literalmente reinava sobre sua mulher subjugada e suas quatro filhas.

Anna era a segunda filha e gozava de uma relação privilegiada com seu pai, que freqüentemente dizia se reconhecer mais nas qualidades intelectuais e na força de alma dessa filha. Quanto à mais velha, parecia decidida a seguir o exemplo do avô materno, dirigindo-se para os estudos de química. Quanto às duas pequenas, gêmeas, apresentavam um sofrimento bastante manifesto, notadamente no que se referia a sua adaptação inicial nos estudos primários.

Durante os dois anos subseqüentes à admissão de Anna, chegamos a manter uma espécie de equilíbrio amigável, recebendo os pais segundo nosso protocolo habitual de encontros mensais, com os cuidadores *referentes*, e uma participação regular e esfuziante do pai. Com os cuidadores de Anna, mantivemo-nos estoicamente na escolha de não provocar ruptura com a dimensão delirante das falas desse homem – e não fazê-lo *perder seu prestígio*... A mãe constantemente adotava, nesse sentido, uma atitude ambígua: contentando-se em sorrir ou elevar discretamente os olhos para o céu, indicando assim, de todo modo *a minima*, a desrazão de seu soberano esposo, mas sem jamais chegar a desaboná-lo [*désavouer*] na prática.

Durante dois anos, então, Anna pôde aproveitar notavelmente atividades do hospital-dia, notadamente cursos e grupos pedagógicos nos quais ela dava uma contribuição de qualidade, com uma criatividade pessoal que fazia com que fosse muito apreciada. Ela rapidamente foi capaz de se preparar para um diploma do segundo grau, entretanto inquietava a equipe por sua magreza e suas tendências anoréxicas. Nesse mesmo sentido, histeroanoréxico, se inscrevia seu comportamento aparentemente sociável e aberto aos outros jovens, mas ela estava sempre distanciada, sem implicação afetiva; assim, participava, não sem uma certa autoridade, das questões sentimentais de certos colegas, mas sempre em segundo grau, *como terceiro* bastante inventivo (um pouco como uma velha governanta).

Com seu aspecto austero e longilíneo, seu zelo em se ocupar diligentemente das questões dos outros, ela me fazia pensar nessa trabalhadora social infatigável que se tornou a primeira paciente de Freud, Bertha Pappenheim, dita *Anna O.* Com esta, nossa Anna leva a semelhança a ponto de ter, após uma primeira "saída" com um rapaz, com a idade de quinze anos, uma *gravidez nervosa* que ela manteve secretamente vários meses antes de "soltar" a coisa para nossa enfermeira.

Entretanto, a presença do pai não parava de pesar na casa, que ele praticamente não deixava mais, por falta de emprego fora. Exigia a presença indefectível de suas filhas, que ele assim cortava da vida social. Assim as obrigava a permanecer longas horas à mesa para escutar seu monólogo delirante (cada vez mais inundante). Sentimos que o momento de um afrontamento não poderia ser indefinidamente diferido. Desejávamos cada vez mais desencadear uma pesquisa social com essa família, mas o temor de que isso rompesse nosso cuidar de Anna nos detinha. Foi quando se chegou a propor uma solução de *lar* para ela que o pai se levantou dignamente, intimando sua mulher e sua filha a sair com ele. A ruptura terapêutica estava consumada.

Anna tinha então dezesseis anos e acabava de conseguir brilhantemente seu diploma de segundo grau através do hospital-dia; também havia escrito e realizado com outros adolescentes, no quadro de nosso ateliê de teatro, uma peça passional e assassina, perto da qual a *Carmen* de Bizet pode parecer uma história cor-de-rosa...

Durante os dois anos seguintes, vi Anna apenas uma vez em consulta. Ela ficava permanentemente em casa, tendo se inscrito nos cursos por correspondência para se preparar para o vestibular. Parecia capaz de se isolar mentalmente do "circo" paterno cotidiano, em todo caso suficientemente para tornar um trabalho regular e eficaz.

Ela não se queixava demais de sua situação reclusa e suas boas notas a tornavam otimista quanto a suas chances no vestibular. Sua irmã mais velha, ao contrário, acabava de fracassar numa tentativa de fazer Farmácia e de renunciar, ao mesmo tempo, a um quarto recentemente adquirido em residência universitária. Mas aqui aparecia para Anna como que uma luz no fim do túnel: era claro, segundo ela, que seu pai, muito apegado (loucamente?) aos aspectos da legalidade, ia em breve respeitar seu acesso à maioridade legal de dezoito anos, como já havia efetivamente feito com sua mais velha.

No que se pode considerar como uma espécie de *ato falho*, sendo dados os seus dons, Anna não obtém a média em seu vestibular de francês que ela fazia como candidata independente. No outono seguinte, e quando ela havia alcançado a famosa maioridade, recebemos dela uma *carta de apelo*, na qual ela falava de se contentar com um Diploma Profissional de pré-escola para ao menos ganhar algum dinheiro para sua família... Foi restabelecido o contato com ela, mas mesmo assim lhe foi preciso recorrer a uma tentativa de suicídio medicamentosa, com hospitalização breve posterior; depois do que ela pôde reintegrar-se a nosso hospital-dia graças à seguridade social de sua mãe (sem dúvida impressionada pelo gesto suicida) e, desta vez, sem oposição (nem manifestação) da parte do pai, cada vez mais voltado para seu delírio e que parecia julgar que sua autorização não era mais necessária.

Anna relata que depois de seu fracasso no vestibular de francês seu pai ficara a lhe fazer uma longa declaração que exprimia sua satisfação de constatar o quanto essa filha era "como ele". Isso sem dúvida contribuiu para precipitá-la num certo desespero, por não poder suportar uma identificação narcísica tão explícita em sua dimensão mortífera.

Ela retomou intensivamente suas atividades no hospital-dia, repetindo uma série, depois empreende se preparar para um vestibular de literatura. Primeiro ela parecia bastante feliz e expansiva, muito participante mas sempre um pouquinho "destacada". Mas sua vida subjetiva estava submetida a rude prova pelo fato de dever subsistir por si mesma fora do lar parental, dividindo um apartamentozinho com sua irmã mais velha em troca de um trabalho de guarda de crianças. Ela começa a se preparar para uma psicoterapia individual com uma psicanalista no hospital-dia – convencida de ter que se preparar para a derrocada física e mental de seu pai e sem ilusão quanto ao caráter puerilmente imaturo de sua mãe. Sobretudo, ela vem a poder formular e trabalhar seu sentimento de destruição interior e sua dificuldade de trocas afetivas.

Discussão do caso

Percorrendo essa evocação sucinta, espero ter comunicado nossa impressão de uma espécie de "milagre" quanto à notável qualidade dos investimentos sublimatórios dessa moça, reenganchando-a verdadeiramente na vida, apesar de um desastre familiar no cotidiano.

O paradoxo central desse caso é que ela mostrava todos os índices de uma *imago paterna* de muito boa qualidade!... Com efeito, tudo se passa como se Anna tivesse podido operar uma boa introjeção de mediadores internos eficazes – o que precisamente, na minha opinião, cabe designar como *ideal do eu*. Apesar das manifestações caricaturais de um pai abusivo em sua demanda incestuosa, algo do tipo de uma incitação a investimentos libidinais sublimatórios se teria transmitido, produzindo nessa moça uma capacidade de "tratar" bem um certo número de ferramentas culturais e criativas. Anna parece haver podido se identificar positivamente com certas capacidades paternas de ter acesso a um gozo sublimatório e se atribuir as ferramentas para tal – os operadores psíquicos.

Essa moça decerto faz pensar nos casos desses filhos de doentes mentais que têm que dar prova de maturidade forçada (Bourdier), excetuando-se que ela pôde manifestamente manter viva uma capacidade de atividade lúdica muito adolescente e uma criatividade quase fogosa. Suas aptidões criativas a diferenciam muito claramente da tendência *operatória* e hiper-razoável da maior parte das "crianças terapeutas".

Por outro lado, contrariamente às patologias comportamentais da adolescência, ela tem muito pouca necessidade de recorrer aos preenchimentos substitutivos, *idolátricos* (eu ideal), ou *aditivos*, como também aos *agires* violentos mortíferos. Podemos hoje, por outro lado, ainda nos inquietar quanto a suas aptidões futuras para conduzir uma vida amorosa. Com sua predileção pelos rapazes em grande dificuldade interior, Anna não me parece ainda dispor, em si mesma, de "vias interiores" (Chabert, 1999) que lhe permitam conduzir bem uma parceria amorosa (e sexuada).

Ela dá prova, por outro lado, no mais alto grau, do que Winnicott chama "a capacidade de estar sozinho", capacidade para a qual a aptidão para realizações sublimatórias se verifica evidentemente determinante. Ela se situa, assim, completamente ao oposto de numerosos casos com comportamentos mais ou menos destrutivos que temos que tratar em nosso hospital-dia. O contraste reside então, essencialmente, na diferença das *soluções pulsionais* que o jovem é capaz de pôr em operação para dar saída a seu drama existencial. Ainda é preciso que essas soluções sejam capazes de integrar a componente de pulsão dissociativa dita *de morte* – como é precisamente o caso das atividades sublimatórias.

Tentemos, então, progredir ainda no que o modo sublimatório de satisfação pulsional pode nos ensinar de fundamental como solução subjetiva. Vimos que a *coisa* obscura em torno da qual gravita a trajetória pulsional ocupava, na construção teórica de Lacan, um lugar essencial – e tenazmente ignorado em nossos meios psicanalíticos não lacanianos. O objeto teórico que Lacan chama *pequeno a* com efeito exerce para ele um papel tão determinante quanto o *significante* – pela boa razão de que é um corolário inevitável, a partir do momento em que o próprio de todo ato de simbolização e de toda operação significante no ser humano seria produzir um resto (real) na psique.

É no próprio esforço da criança de melhor discernir simbolicamente seu outro primordial que algo – olhar, voz, toque, etc – "se destacaria[8]", ou, ainda, "cairia" dele, vindo constituir, a partir de então, um registro de objetos internos inconscientes, irredutivelmente refratários ao registro simbólico, e mesmo ao imaginário, já que não diretamente figuráveis como tais e não especularizáveis.

É assim que *significante* e *objeto a* constituem duas ferramentas fundamentais da teorização lacaniana. De resto, podemos observar que essa produção incontornável de um resíduo de *real* no seio de toda atividade significante não deixa de apresentar alguma analogia com o que Freud diz da sublimação, a saber, que a pulsão não pode integralmente se satisfazer nela – que haverá forçosamente uma *sobra não utilizável*.

O papel necessário da "pulsão de morte"

Voltemos no momento à dualidade funcional *eu[moi]-sujeito* que a presente obra se propõe melhor explicitar. Realçamos, a propósito da sublimação, que uma tal diferenciação só poderia adquirir sua plena conceitua-

---

8 Sabe-se como Freud inaugurou essa noção ao conceber à sua maneira uma primeira série de objetos "*destacáveis*" do corpo materno – é a célebre "equação simbólica", seio–fezes–pênis–bebê...

lização metapsicológica a partir do levar em conta a virada do pensamento freudiano, o que René Roussillon (1995) chama "a segunda metapsicologia", a partir de "Além do princípio de prazer" (Freud, 1920). Em função de seu surgimento através da apassivação pulsional, o sujeito, com efeito, se origina nesse *para-além*; e sem dúvida é assim que se pode melhor diferenciar, no seio mesmo da equivocidade do *ich* freudiano, o que se origina na função sujeito e as funções atribuídas ao eu. É nesse sentido que Lacan sugere conceber o sujeito "para-além do ego", isto é, para-além do princípio de prazer, contrariamente às identificações constitutivas do eu, que se mantêm a serviço do primado do princípio de prazer.

Ora, qualquer um que tente um ato de criação qualquer, um trabalho de escrita, por exemplo, pode experimentar a não-permanência, o caráter incerto, até mesmo desnorteante dele enquanto sujeito de uma inspiração. Conhecemos o caso de artistas vivendo a cada manhã a angústia de ter talvez perdido o sujeito interior do movimento criativo da véspera (é fácil aqui a analogia com o sujeito de uma inspiração sexual).

Mas o impulso energético constitutivo do *isso pulsional* deve, para poder tomar forma, trilhar um caminho através do aparelho do eu, o qual é indispensável para lhe constituir uma representação imaginária. Igualmente, o sujeito pulsional só pode adquirir representação *formal* (na fantasia notadamente) e, assim, consistência imaginária pelo eu – com a inevitável *alienação* implicada nos acasos da imagem corporal e das identificações sucessivas.

Por outro lado, o fato de que a subjetivação verdadeira começa especificamente a partir da inversão (passivo-masoquista) da satisfação pulsional tende a inscrever o próprio processo de subjetivação no *paradoxo econômico* que questionou muito Freud, precisamente através do masoquismo (1924), do qual ele acabou por realizar que o princípio de prazer sozinho não poderia dar conta. Ele foi levado, assim, a dar uma forma nova ao princípio de dualidade, colocando como um de seus termos o que ele chama (impropriamente)[9] de *pulsão de morte* – pulsão de *dissociação*, antes, que

[9] No seu relatório no congresso de 1998, Claude Smadja fala nestes termos da pulsão de morte: "Não se trata, então, de uma pulsão para morrer, mas de uma força negativa que só pode ser concebida em dualidade com a pulsão de vida. Trata-se de um par positivo-negativo (+/–), como em física".

ele doravante vai colocar em oposição dialética a *Eros*, princípio de ligação libidinal.

Sobre isto, podemos observar que os psicanalistas que se preocupam sobretudo com o eu como agente de integração e de mestria (domínio) muito pouco se mostram inclinados a se servir dessa noção de pulsão de morte. Paul Denis (1997) propõe conceber a pulsão como essencialmente constituída por duas componentes: de um lado, a de um *domínio* dirigido ao objeto e, do outro, uma tendência à *satisfação* – considerando esta como do registro de um experimentado passivo. Essa combinatória lhe pareceria suficiente para passar sem a segunda teoria freudiana do dualismo pulsional com o papel dialético que ela confere à pulsão de morte.

Mas como expulsar assim o papel fundamental de *Anteros* (Fain-Braunschweig), indissociável do para-além do princípio de prazer? Ele não é indispensável para tornar concebível esse paradoxo da subjetivação: o desse gozo em tensão do qual o *domínio* egóico não seria suficiente para dar conta? O par domínio-satisfação que Paul Denis pensa suficiente para dar conta da vida pulsional se verifica notadamente pouco capaz de especificar o que caracteriza o destino sublimatório e lhe confere seu caráter eminentemente subjetivante.

Do bom investimento parental

Assim tocamos, ao mesmo tempo, essa questão, evidentemente capital para a gênese dos distúrbios mentais: quais são as características próprias do bom investimento parental? Com efeito, não saberíamos especificar a qualidade *suficientemente boa* de um tal investimento (Winnicott), nem em termos de libido narcísica, nem em termos de satisfação de domínio, nem em termos de satisfação descarga – também não, de resto, numa dosagem qualquer de cada um desses três componentes. Conhecemos bastante os efeitos alienantes sobre a criança de cada uma dessas três modalidades de investimento, qualquer que possa ser sua combinatória.

É por isso que proponho considerar que uma componente decisiva desse *good enough* é precisamente a qualidade sublimatória que ele comporta – nesse sentido de que deve se tratar, precisamente, de um investimento animado por uma satisfação pulsional efetiva (nem formação reativa nem falso *self*), mas também não buscando mais a descarga incestuosa, degradante para a criança assim utilizada, e distinta também da satisfação de domínio e da confusão narcísica.

Pode-se ver que um certo *destacamento* parental é necessário para assegurar o suficiente respeito pelo sujeito suposto a vir; e que ele implica deixar entrar em jogo no investimento uma componente de *desligação* tal que a criança seja solicitada (antecipatoriamente) a ex-sistir como sujeito. Essa componente de destacamento sublimatório do investimento favorece a capacidade dos pais de se prestar a uma certa *apassivação* nas interações pulsionais com seu filho – disposição essencial para bem acolher os enganchamentos pulsionais da parte deste e responder de um modo que favorece sua subjetivação. Também é preciso, da parte do parental primeiro, um certo destacamento para permitir a introdução, junto da criança, de uma *terceira pessoa* para a qual deve se efetuar o deslocamento de certas quantidades do investimento materno originário. É exemplarmente o que deve se colocar no pai – transferência ou "metáfora[10]" indispensável como tal para permitir o desdobramento do *jogo* das representações psíquicas.

No que se refere ao papel necessário da *pulsão de desligação* na subjetivação, Jean Laplanche (1998) vem, de sua parte, trazer uma contribuição interessante para animar um debate fundamental. Com efeito, ele situa a pulsão de vida (*Eros*) mais do lado do narcisismo – já que ela fundamentalmente tende, observa ele, a "fazer um" –, ao passo que considera a pulsão de morte como um dado constitutivo do pulsional sexual. Nessa ótica, ele nos convida a conceber como uma "pura cultura" de eros-ligação tornaria toda alteridade impossível, e toda vida erótica.

O excesso de ligação se opõe à ex-sistência de um sujeito de desejo; a pulsão de desligação também deve necessariamente exercer seu papel dialético no sentido da des-fusão – o que alguém chamava com espirituosidade, num grupo de supervisão, de uma des-amarração [*dé-ligotage*] do sujeito. Trata-se de um princípio de equilíbrio – um pouco como a força centrífuga deve

[10] J. Lacan desenvolveu essa noção da *metáfora paterna* que pode utilmente relançar nossas reflexões contemporâneas.

compensar a força de atração a fim de evitar um engavetamento implosivo dos corpos (produtor das famosas anãs brancas). O paradoxo do papel da pulsão de morte também faz pensar na sublime fórmula de Heráclito citada por Lacan, que brinca com a forma como se nomeava o arco (*bios*) em grego antigo: "seu nome é vida (*bios*), mas seu trabalho, a morte"...

Lacan, de sua parte, veio a fazer coincidir essa pulsão de dissociação com o fato de que o ser humano fala. Ele a considerou como específica do que chama de "ser-de-fala [*parlêtre*]", ou seja, como inerente ao sujeito humano – no que ele se separa claramente das hipóteses biologizantes de Freud em seu "Além do princípio de prazer". Ele insiste, antes, no caráter notavelmente transitório das *montagens instintuais* no recém-nascido humano. Isso concorda com essa necessidade constatável medicamente de que se efetue um *revezamento* das experiências inter-ativas com o adulto. Na falta de tais revezamentos de qualidade suficiente, o desenvolvimento se encontra entravado. No mesmo sentido, pode-se regularmente constatar, num acompanhamento em psiquiatria da infância e da adolescência, como certos sinais de *imaturidade* ou de *irritabilidade* no registro eletrencefalográfico tendem a se normalizar correlativamente à aquisição, por um jovem, de recursos psíquicos para tratar suas excitações (por um jogo, pela representação, pela linguagem)...

Os tratamentos dos estados limites

Nós observamos como Freud, quando busca dar conta da atividade pulsional elementar, não podia evitar recorrer à linguagem médica sobre as *perversões* – e bem antes que fosse capaz de explicitar a contribuição necessária da "pulsão de morte". Ora, é justamente nos tratamentos do que se chama os *estados limites* que se pode melhor apreender a importância decisiva que vai tomar o acesso a uma reversibilidade possível (no jogo transferencial) dos modos de satisfação da troca pulsional: do ativo ao passivo e inversamente, passando pelo auto-erótico. Certamente não é por acaso que André Green (1990) veio a promover, como se assinalou, o papel subjetivante da *apassivação* pulsional na mesma época que sua prática de analista o conduzia a destacar as características próprias desses pacientes *casos limites*.

Tornou-se usual designar como *estados limites* esses pacientes – cada vez mais numerosos, parece, nas nossas sociedades pós-modernas – em quem o impulso mortífero não dá matéria para recalques produtores de inibição ou de sintomas neuróticos, mas, antes, a "soluções" do tipo da ação-descarga ou da adictividade excitatória.

Nos Estados Unidos, Otto Kernberg se empenhou muito em especificar melhor essa vasta categoria de pacientes no campo de uma pesquisa nosográfica, com testes diagnósticos como apoio. É também nesse sentido que por longo tempo Jean Bergeret (1986) trabalhou na França. Todavia, parece que, hoje em dia, a tendência dos autores franceses seja adotar, sobre esse conjunto difuso de pacientes, um ponto de vista mais *funcional* que estrutural.

Assim, Jean-Jacques Rassial (1999) recentemente retomou essa questão em forma de discussão das proposições inovadoras de André Green. Ele pretende considerar sobretudo o estado limite enquanto testemunha uma relação particular desses sujeitos com o *ato*. O sintoma limite é, então, enfocado por ele, seguindo a pista dos últimos seminários de J. Lacan, com o que este chamava "o sinthoma"[V] a fim de melhor salientar o papel de reparar uma falha da estrutura psíquica que cabe ao sintoma. Assim, o sintoma é considerado como tendo por incumbência essencial fazer de alguma forma se "sustentar" a dita estrutura. É uma concepção que implica um modo de intervenção do psicanalista bastante radicalmente diferenciada daquele do médico, de combater sintomas.

Pelo ângulo dessa sintomatologia dominada pela passagem ao ato, o *estado limite* freqüentemente é relacionado com o estado adolescente. Está aí uma forma de ver antes otimista, no que ela põe o acento na dimensão de *imaturidade* e, então, de enriquecimento subjetivo possível – com a condição de que possa se efetuar uma certa subjetivação do próprio sintoma limite. Nesse sentido, J.-J. Rassial sem dúvida tem razão em insistir no fato de que não se poderia caracterizar o estado limite a partir da idéia de que ele contra-indicaria a abordagem psicanalítica; porque, ao contrário, é freqüente

[V] Grafamos "sinthoma", em português, o *sinthome* (*saint homme*) francês para diferenciá-lo de *symptôme*. (NT)

constatar uma notável reatividade desses pacientes ao tratamento analítico. É uma constatação que notadamente pude fazer em meu trabalho de supervisão: depois de começos movimentados, até tumultuados, pode-se ser surpreendido ao ver tal paciente julgado "limite" no começo integrar-se notavelmente bem no processo. Uma tal evolução, por vezes rápida, depende, é claro, da aptidão do psicanalista para não economizar sua própria entrada em jogo na interação transfero-contratransferencial. Ao passo que tanto uma atitude algo "fóbica" da parte do terapeuta ou uma escolha de reserva por preocupação de *assepsia* do campo psicanalítico tenderiam, antes, a exacerbar a *pro-vocação* (agida) desse tipo de pacientes.

A escola de Otto Kernberg preconiza uma interpretação tão precoce quanto possível – de fato, desde as entrevistas preliminares – das disposições transferenciais, identificáveis nos primeiros sonhos do analisante limite, sobretudo, decerto, se se trata de uma *transferência negativa*. Com efeito, esse autor considera que assim se dá a esses pacientes o máximo de chances de perceber o interesse de um tipo de *ligação psíquica*, integrando suas dimensões mortíferas (até então sobretudo regidas pela passagem ao ato) numa via fantasística dinâmica, mesmo que seu conteúdo pareça decididamente *limite*.

Parece-me que uma comparação de eficácia desses tratamentos de estados limites com os de pacientes mais neuróticos não seja necessariamente mais vantajosa para estes últimos. Freqüentemente se verifica que os pacientes que dispõem de um eu dotado de uma maior capacidade inibidora não constituem os analisantes mais aptos a levar bem um processo verdadeiramente transformador, nem mesmo a desenvolver a apreensão subjetiva de sua implicação como sujeito – sua *colocação em causa* como agente pulsional... Mas o analista amante dos tratamentos um pouco aventurosos rápido apreende com os pacientes limites o interesse de distinguir, como proponho aqui, o que é a função propriamente sujeito e as funções repressoras do eu.

Isso poderia levar a fazer uma espécie de *elogio do sujeito estado limite*; assim como, aliás, da persistência desejável de um mínimo de *adolescência no adulto*. Essa perspectiva nos leva a nos afastarmos um pouco do campo de nossa atividade clínica para nos perguntarmos se a prevalência do que chamamos estados limites na vida cultural de uma dada época não viria testemunhar (sintomaticamente) o fato de que esse período seria precisamente *mutante* para a civilização.

Jean Bergeret insistiu no fator *traumático* em operação na gênese do estado limite; ele notadamente observa a freqüência de figuras parentais com disposição para as derrapagens *incestuosas*. Mas isso pode ser também indicativo de uma desestabilização dos muros de proteção culturais de uma época. Com efeito, é espantoso ver como certos períodos de *reviravoltas* da história puderam promover política e artisticamente personalidades de tipo limite. Penso notadamente na mutação crítica do mundo grego, com a emergência de jovens *leaders* como Alcibíades, Alexandre e muitos outros, bastante característicos de personalidades limites. Mas há também o terrível fim da Idade Média, com, em Paris, um François Villon, cuja famosa *Ballade des pendus* traz um acento espantosamente "moderno" em sua forma de tratar a dimensão mortífera (como o Baudelaire das *Fleurs du mal*).

Resta que um olhar que busque comparar os efeitos da psicanálise sobre pacientes neuróticos e sobre os estados limites faz sobressair o que sem dúvida constitui o mais espinhoso na prática psicanalítica: que *o sujeito verdadeiro (sujeito pulsional, sujeito do desejo) entretém relações estreitas com a posição perversa*. Disso aqueles que atacam Freud – e depois Lacan – certamente fizeram seu cavalo de batalha. É em torno dessa questão que se busca, ainda hoje, uma *ética* capaz de sustentar o encaminhamento do psicanalista, que tem seu eixo no sujeito inconsciente do desejo. Subseqüentemente a uma fórmula célebre de Freud em seus "Estudos sobre a histeria" (1895), podemos continuar a nos perguntar quem, entre estados limites ou neuróticos, constitui o "avesso" funcional do outro!...

Freud explicitou a estratégia própria do neurótico, que se aplica, de uma maneira ou de outra, *a não se deixar fazer por isso*!... Também eu logicamente escolhi prosseguir o percurso desse trabalho trazendo a narrativa de uma sessão do tratamento de uma paciente histerofóbica. O desenrolar dessa sessão padrão me parece ilustrativo do que com muita freqüência está em questão na "talking cure": levar o sujeito analisante a melhor se *deixar fazer* pelos significantes em operação em seu inconsciente. Com efeito, acontece de esses significantes surgirem como intrusos no discurso em sessão: pedras que o construtor teria vontade de rejeitar e que, no entanto, vão se revelar como pedras angulares, e mesmo formidáveis alavancas, capazes de efeitos surpreendentes no sentido de um franqueamento pulsional e de um ganho em matéria de subjetivação.

9.
Sujeito(s) pulsional(ais) inopinado(s) em sessão[1]

Com freqüência acontece, durante uma sessão, de alguma coisa incongruente surgir no fio do discurso do(a) analisante e se pôr a *insistir*. No contexto da relação imaginária tal como havia podido se estabelecer com tal paciente, uma fala, uma palavra vem atrair nossa atenção pois nos parece um pouco *estranha*, como vinda de alhures – como dessa *outra cena* de que fala Freud em *A interpretação dos sonhos* (1900), cena em que evoluem as significações inconscientes ligadas primariamente aos representantes pulsionais.

Quando um elemento dessa ordem solicita nossa atenção durante uma sessão, nós o percebemos como singular, deslocado, supondo-o confusamente portador, através de sua insistência mesma, de uma carga de significação particular que ele seria suscetível de veicular – um pouco como esses "contrabandistas" cuja imagem em Freud Jean Guillaumin gosta de nos lembrar. E, de fato, por pouco que se permita a esse intruso adquirir direito de cidadania no trabalho do tratamento, ele freqüentemente vai se verificar portador de um potencial pulsional altamente significativo.

Queria evidenciar aqui essa função do analista em sessão que é precisamente não deixar de apreender tais manifestações, suscetíveis de fazer surgir um "sujeito novo". É justamente uma razão de ser do que se conveio

---

[1] Já falei dessa paciente no Colloque lyonnais des Arcs, em março de 1996, sobre *Le style de l'interprétation*.

chamar nossa *atenção flutuante*. Vou tentar ilustrá-lo através da narrativa de uma sessão.

Uma sessão padrão

Trata-se de uma moça da faixa dos trinta, fortemente instalada em sua neurose, seu eu recorrendo com predileção aos mecanismos inibidores para se assegurar de um controle imaginário sobre sua vida pulsional. Originária de um meio modesto e católico de uma cidade francesa de província, essa moça até agora evitou quase que toda relação sexual. Especifiquemos ainda que ela está incluída numa numerosa fratria – estando precisamente situada belamente no meio de quatro irmãs.

A sessão ocorre no quinto ano de um tratamento um pouco desencorajador, apesar das boas disposições aparentes da paciente. O zelo manifesto desta geralmente chega a neutralizar minhas interpretações e a preencher toda abertura que possa surgir no que ela libera em sessão. Em suma, tenho a impressão de que ela me retém no fracasso, estando seu sistema defensivo mobilizado em torno de uma recusa tenaz de sua feminilidade.

Ela começa dizendo-se contente por ter um sonho a me contar. Essa paciente tem por hábito anotar atentamente seus sonhos e me trazê-los como um presente, fornecendo depois pouco trabalho associativo.

Eis o sonho: "Vejo uma menininha", diz ela, "que corre fugindo de uma casa; percebo que ela está quase nua e vejo a pele de seu corpo, de uma cor esquisita, um rosa vivo – sobretudo a parte de baixo do corpo. Isso evoca algo malsão, ou o efeito de maus-tratos; ou, talvez, cuidados de que ela fugiria?".

Ela continua vagamente essas hipóteses e depois se apressa a passar ao relato de um outro sonho da mesma noite. É, de sua parte, uma maneira bastante habitual de não ir além do relato manifesto. Mas escolho, desta vez, interrompê-la, dizendo: "É a parte de baixo do corpo que lhe parece malsã?". Trata-se mais de um relançamento que de uma interpretação – em que eu tento, assim mesmo, apontar uma dimensão erótica.

Ela então se agita e grita: "Ah! está aí! Eu me lembro agora de uma palavra do sonho que eu buscava há pouco, uma palavra difícil de pronunciar; bem, é a palavra... *coxa*!". Ela faz um esforço manifesto para soltá-la e associa com uma cena da véspera: em seu coral, o chefe de coro (de quem ela talvez esteja um pouco enamorada) a faz fazer exercícios de relaxamento, nomeia as partes do corpo e, desta vez, teria dito... *suas coxas*. É, ela observa, uma palavra muito mais crua que *pernas*...

Ela então volta a seu sonho: "Se a menininha foge, não é à-toa, ela tem boas razões. Percebo, no interior da casa, uma mulher muito fria, sem dúvida a governanta da casa; compreende-se que a menininha fuja dela" (Silêncio).

Observo então: "Você dizia que a menininha talvez fugisse de cuidados?". Uma maneira de salientar o que o sonho contém de relação transferencial comigo, relação cuja dimensão de ambivalência é bastante marcada há algum tempo.

Ela ri. "É verdade que eu falava da última vez de deixar a análise! Mas então, é engraçado: essa governanta da casa seria *você*?". Ela se dirige a mim num tom cada vez mais sarcástico.

"Diga então, não o incomoda que eu o identifique com uma mulher? Que você mude de sexo, assim? [ela se diverte] Até agora, eu pensava em você sobretudo como *condutor* [*passeur*], sim, uma espécie de *condutor*. Mas aí seria mais eu quem seria o *condutor*. Ah! me agrada muito ser *condutor*".

Uma tal palavra assim repetida, com tanta insistência, não deixa de me intrigar e eu decido mandar-lhe: *não-irmã* [*pas-seur*] [I]? (ainda sem realizar muito o duplo sentido).

Ela ainda ri: "Ah, sim! seria como uma espécie de falso irmão, ou melhor, de falsa irmã...

Mas assim mesmo quero falar do outro sonho, o que você me impediu de lhe contar. Ele é mais maluco. É uma história de açoite, de desgastes causados por espécies de grilos [sic]. Eu os percebo, são horríveis de ver [ela treme ostensivamente], espécies de animais viscosos que lhe colam na pele, montam em você por todos os lados; se você entende o que quero dizer...".

O que a leva a seu primeiro sonho: "De fato, essa história de condutor é como uma passagem para o inferno. É isso [Silêncio]. Mas como se

---

I Em francês, *passeur* (traduzido como "condutor") e *pas-seur*, que, por homofonia em francês (com *pas-soeur*), remete a não-irmã. (NT)

chamava esse famoso condutor da Antigüidade?... Ah, Chiron! Não? Sim, é isso: *Chiron*".

Então formulo: "Quem é que caga redondo [*chie rond*]? (Quarta intervenção). Ela logo reage, ainda rindo, depois começa a associar com cenas de sua infância, as manhãs na casa antes da escola. Só havia um banheiro e cada uma das irmãs tinha que esperar sua vez. "Cenas de defecação em família", diz ela.

"E, justamente, nesta manhã – ah! ainda é difícil de dizer –, no banheiro da minha casa, pois bem, notei alguma coisa. Eu me dei conta de que eu faria melhor se abrisse as... coxas, sim, para melhor... cagar, quando eu fazia força. E, no entanto, assim mesmo as mantive juntas. Você sabe que é uma dificuldade para mim".

Ela termina sua sessão com uma evocação do fiasco das raras experiências sexuais que tentou com homens – que fracassavam em penetrá-la.

Ora, vou constatar *só-depois* que essa sessão terá sido portadora de alguma coisa verdadeiramente mutativa no desenrolar desse tratamento, levando a uma revitalização do material, que adquire uma carga pulsional nova – sobretudo no registro da *analidade*. Vou, além do mais, observar uma mudança na apresentação e no comportamento dessa moça, que pode se mostrar de outro modo, mais sedutora: ela abandona uma monotonia conformista entremeada de agressividade e sua maneira de recuperar defensivamente tudo o que podia comovê-la, dando um jeito de interrompê-lo.

Ela me faz pensar retrospectivamente na jovem paciente *Dora* de Freud, com seu desdenhoso "não é grande coisa para mim o que saiu" antes de interromper seu tratamento. Realizo que minha paciente durante longo tempo se caracterizou, também, por sua maneira de *reduzir a pouca coisa* o conteúdo de minhas intervenções – e a pouca coisa o pênis de seus parceiros.

A via direta significante

Na sessão relatada acima, vê-se que o modo de minhas últimas intervenções consiste, em suma, em pura e simplesmente reenviar à paciente um significante verbal que ela própria já reiterou em seu discurso – *condutor* (*passeur*) primeiro, depois *Chiron*.

A analisante se mostra então imediatamente capaz de apreender o efeito polissêmico. A apropriação subjetiva de seu lapso (Charon/Chiron) lhe proporciona, de maneira manifesta, um prazer que se assemelha ao de um chiste. Sobretudo, vai se verificar que esse levar em conta o significante tem o poder de funcionar como uma chave, capaz de abrir um campo pulsional (anal, no caso) com a subjetividade nova a ele ligada, e que esse efeito vai persistir.

O efeito de abertura pulsional se mostra com minha segunda intervenção na transferência (que aponta a idéia de fugir dos cuidados). É ao apreender que os maus cuidados (intrusivos) de uma mãe podem tornar sua filha refratária a que um parceiro ulterior tenha acesso a seu sexo que ela pode efetuar um melhor *enodamento* de uma erótica que ainda tende a condensar ânus e vagina. Não foi ainda um achado da célebre paciente amazona de Freud, a denominada Anna O., ter qualificado de *chimney sweeping* a primeira tentativa de *talking cure*?

Um tal material extraído do contexto de um "tratamento padrão" dá matéria para reconsiderar nossa afirmação de conjunto sobre a *paixão do sujeito*. Com efeito, é de um *se deixar fazer* que a paciente se mostrou (enfim) capaz na sessão relatada acima: deixar-se fazer pela irrupção inopinada de um representante de sua atividade pulsional recalcada – e, no caso, dois significantes verbais. O que ilustra uma modalidade direta de relacionar significante e sujeito pulsional, praticamente não utilizando o desvio imaginário das representações corporais de eu a eu.

O estilo de intervenção que escolhi utilizar e que consiste em simplesmente reenviar à paciente esses dois significantes, bizarros por sua insistência mesma, sem dúvida era apropriado à circunstância. Mas as coisas teriam podido ser retomadas de outro modo – por exemplo, sublinhando a carga agressiva manifestada através de sua satisfação em me fazer "mudar de sexo", ou também sua necessidade de dominar, ou, ainda, como colegas (sobretudo gregos!) ardorosamente me sugeriram, explorando a carga imaginária da figura do centauro Chiron... Tais intervenções sem dúvida teriam trazido consigo outros efeitos. Esta, de fato, teve como conseqüência que, antes, essa moça se ponha a me tratar nas sessões seguintes em lugar de objeto pulsional (cocô-pênis); aprendi a considerar isso como um indício bastante bom de cumprimento do processo de análise numa paciente histerofóbica regida por um eu fortemente inibidor e idealizante.

O consentimento da paciente em se abrir para a carga pulsional veiculada pelos significantes que produziu à sua revelia acarreta o surgimento nela de algo como *um sujeito novo*: má irmã em plena rivalidade anal, má cagadora reticente em abrir as coxas para permitir a passagem do cocô, num sentido, e do pênis, no outro... Uma subjetivação aumentada de sua pulsionalidade anovaginal vai, então, decorrer diretamente do fato de ter podido viver essa relação de *apassivação* com esses significantes, em interação comigo.

Subseqüentemente, eu ia ser surpreendido por ver essa moça dar prova de uma eficiência (fálica) nova; não apenas através de capacidades de sedução melhores, mas também ao empreender com sucesso novos estudos portadores de uma implicação profissional mais fecunda.

O esquema L

Aproximando-nos do final da trajetória deste trabalho, parece-me ter chegado o momento de reunir as proposições. Eu o farei primeiro apresentando um esquema *tópico* que fornece uma certa formalização da distinção funcional entre o sujeito pulsional e o eu narcísico que proponho levar em conta. Reproduzirei, então, aqui, o *esquema L*, proposto por Lacan em seu seminário de 1954.

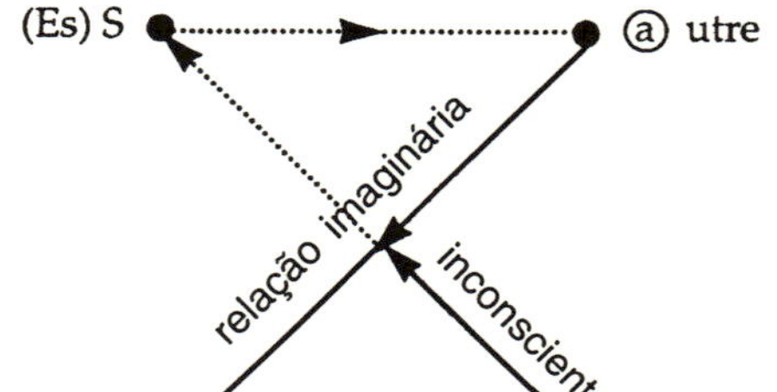

Esse modelo formaliza uma tópica do aparelho psíquico constituída de dois eixos de conexão perpendiculares: de uma parte, o do eu [*moi*] em relação narcísica com o outro semelhante (outro eu corporal) [a, do francês autre] e, da outra, o sujeito (S̸) ligado às mensagens inconscientes do *Outro* – [A, do francês *Autre*]. O que é notável aqui é que o sujeito seja situado do lado do *isso*, do *das Es* (jogando, nesta passagem, com a consonância *S-Es* [em francês]). É uma ilustração estrita da fórmula "Wo es war, soll ich werden" – ali onde *isso* estava *eu* [*je*] devo advir.

Trata-se, pois, do entrecruzamento dos dois eixos diretores e complementares da vida psíquica: de um lado, aquele que liga o eu próprio com o outro-eu na experiência especular [real-imaginário] e do outro aquele [real-simbólico] ligando o sujeito à pulsionalidade do *isso* através da simbólica das trocas. Sabe-se que Lacan designa o Outro como o "lugar" de reserva dos significantes que podem determinar o sujeito; faz, então, dele partir o vetor que chama de *Inconsciente*, constituído de "cadeias significantes" – mensagens, constituídas de representações de coisas ou de palavras, que vão tender a cortar o eixo da relação imaginária eu–outro, o que Lacan chama de "o muro do imaginário".

Retomando, de acordo com essa ótica, a sessão relatada acima, direi que os significantes bizarros (como *pas-seur*) vêm precisamente enfiar o nariz ali onde a flecha do vetor Inconsciente (Ics) vem cruzar a relação imaginária do eu com o outro eu (do analista). É, pois, no próprio campo da relação egóica em sessão que vem aparecer e insistir essa outra coisa vinda de alhures – dessa *outra cena* de que Freud falou em sua *Interpretação dos sonhos*.

Lacan constantemente põe o acento no fato de que o "muro imaginário" da relação de eu com eu tende, na prática – na vida corrente, decerto, mas também na sessão, se o analista não presta atenção –, a exercer um papel de obturador da mensagem inconsciente geradora da função sujeito.

Para melhor ilustrar isso, ele utiliza o modelo da *lâmpada diodo* no interior da qual se observa que a passagem de uma corrente elétrica numa grade disposta perpendicularmente pode interromper, interceptando-o, um feixe de partículas que circula entre anodo e catodo. Está aí uma maneira de formalizar o antagonismo eu–sujeito: a relação imaginária de eu a eu podendo interceptar a relação subjetiva com os significantes inconscientes.

De fato, trata-se apenas de uma das maneiras possíveis de representar (sempre metaforicamente!) a divisão tópica constitutiva do psiquismo humano.

Vimos como nossa presente proposta referente à *paixão do sujeito* teve sua partida numa releitura do modelo freudiano da pulsão, e de sua revisão por Lacan no *só-depois* de "Além do princípio de prazer". Uma tal abordagem efetivamente conduz a *diferenciar*, no seio mesmo do *ich* freudiano, uma função sujeito em oposição dinâmica (dialética) à do eu propriamente dito. Posso dizer que freqüentemente me foi útil, na minha prática de analista às voltas com certos distúrbios graves da subjetivação, me referir em pensamento a essa tópica do *Esquema L*.

Talvez não seja supérfluo lembrar aqui que nenhuma tópica metapsicológica pode pretender invalidar as que a precederam, nem substituí-las – assim, a segunda tópica proposta por Freud em 1920 nunca tornou caduca a primeira.

Dito isto, pode-se compreender que colegas permaneçam reticentes com relação ao que consideram como a radicalização de uma certa *clivagem estrutural* entre sujeito pulsional e eu narcísico, sendo dado que esses dois registros necessariamente e continuamente têm que se tecer juntos para produzir "realidade psíquica" – a começar pelas construções fantasísticas. Mas, preferindo se abster de sistematizar a oposição funcional eu–sujeito, a formulação de Jean-Luc Donnet, que fala, em sua discussão de meu relatório, de "efeitos de subjetivação no eu", me parece mais aceitável que a de Raymond Cahn quando convida a conceber o sujeito como "trans-instancial". Com efeito, essa última perspectiva de um sujeito acima da mistura efetivamente arrisca-se a nos levar ao bom velho sujeito filosófico, aquele mesmo do qual um Borch-Jakobsen faz ainda hoje seu cavalo de batalha com o objetivo explícito de desqualificar o encaminhamento metapsicológico.

Por outro lado, ao conceber o sujeito como agente da atividade pulsional (sexual), somos levados a lhe reconhecer como próprias as características mesmas desta última: a começar pela pulsatilidade segundo a qual as inversões *ativo–passivo* se conjugam com as reviravoltas *auto–hétero*, numa circularidade reiterada que engendra ao mesmo tempo a intermitência de suas manifestações e sua constante aptidão para ressurgir. A experiência do desejo sexual e a da inspiração criativa parecem, nesse sentido, melhor ilustrar a condição desse sujeito que as noções de mestria imaginária e de poder de influência que são relativas ao eu. A este último efetivamente cabe a função de manter a unidade imaginária da pessoa (sob o modelo corporal) e seu sentimento de constância e de continuidade (*self*); mas sabemos que, mais freqüentemente, é por uma estratégia contrapulsional que o eu deve assegurar essa função narcísica para servir ao princípio de prazer.

Que liberdade?

Desde que se conceba a função sujeito como saída da relação de significância no seio da interação pulsional, é legítimo se perguntar que liberdade um tal determinismo pode ainda deixar ao sujeito em questão. Assim, Claudette Lafond (Montreal) se interroga[2] sobre a perspectiva, nessa ótica, de chegar a alguma coisa como "uma subjetividade que seria sem liberdade". Sabemos que o encaminhamento psicanalítico considera resolutamente os fenômenos psíquicos sob o ângulo de seu *determinismo*; por isso, ele se expôs desde o início (e isso manifestamente não acabou) a uma crítica obstinada que emana de humanistas e de filósofos que precisamente lhe reprovam conceber um ser humano sem liberdade (entregue às intempéries instintuais).

A propósito dessa difícil questão da liberdade, uma historieta algo cômica me vem à memória. Trata-se de uma entrevista filmada de Lacan em Bruxelas, no início dos anos setenta. No final, o jornalista finalmente lhe faz essa famosa pergunta: "Lacan, o que você diz da liberdade?". A resposta foi breve, provida de um ricto um pouco sarcástico: "a liberdade... nunca falei dela"...

Assim mesmo, farei Claudette Lafond observar que, ao considerar o determinismo significante como alienador de liberdade, ela tende a fazer a dita liberdade se originar apenas no registro *imaginário* (egóico). Não se deve, no entanto, deixar de reter dois registros de determinismo coativo:

---

2 Discussão do Congresso dos psicanalistas de língua francesa de maio de 1999, em Paris: "Enjeux de la passivité", em *Revue française de psychanalyse*, nº 5, p. 1619.

- de uma parte, efetivamente, o resultante da captura subjetiva numa relação significante, a partir das interações simbólicas com o outro parental;
- mas, de outra, a questão da alienação na imagem do outro, notadamente nas capturas identificatórias – como exemplarmente é o caso de uma *comunhão de recusa* (M. Fain) com um parente.

Após essa lembrança, isto me parece poder fazer caso da aquisição de *mais liberdade* na evolução de tratamentos como os de Vera e de Nicole, apresentados anteriormente neste trabalho. Mas devo dizer que, como psicanalista, não concebo esse ganho de liberdade como se originando em uma maior resistência (autonomia) do eu por relação ao determinismo pulsional e significante; o ganho de liberdade do qual penso poder fazer caso a partir de minha prática me parece antes consistir na aquisição de uma maior margem de *jogo pulsional*, permitindo um benefício aumentado em matéria de subjetivação, através de uma melhor capacidade de bem viver as reviravoltas–inversões, muito particularmente no sentido de uma melhor aptidão para a *apassivação* (como um navegador ganha em liberdade ao melhor utilizar seu velame com relação aos ventos).

Uma ética do psicanalista

Toda ética se verifica necessariamente fundada numa certa concepção do sujeito humano: ela é uma maneira de levar em conta qualitativamente esse sujeito como implicado numa dada prática. Na medida em que o encaminhamento psicanalítico seria produtor de uma implicação específica e nova do *sujeito*, ele tende a engendrar, conseqüentemente, uma *ética* – não apenas no contexto do "tratamento padrão", mas também nas diversas outras modalidades de implicação efetiva de um psicanalista (em equipe, em instituição).

O eixo do presente trabalho consiste em destacar a abordagem de um sujeito saído da relação basal entre o exercício da *pulsão* e o jogo dos *significantes*. Daí sobressai (capítulo 3) que a apropriação subjetivante só pode tomar seu estofo de "realidade psíquica" através da construção de uma relação *fantasística* própria. Assim fazendo, parece-me necessário insistir no fato – corroborado por um material como o apresentado nos capítulos 4, 5 e 6 – de que uma tal noção de "realidade psíquica", situada por Freud, não tem nada de um dado natural primeiro, constituindo, antes, o resultado de um trabalho psíquico complexo que eventualmente implica a suspensão de uma recusa parental. Essa realidade psíquica ganha em ser vista como o produto de um "enodamento" durável entre os três registros categoriais constitutivos da vida psíquica: categorias do imaginário, do real e do simbólico, às quais (seguindo Lacan) freqüentemente me referi no que precede.

É assim que o mesmo Lacan chegou logicamente a propor uma fórmula da *fantasia*, na qual o sujeito dividido ($) – de fato, o que pode representá-lo formalmente – vem se colocar numa certa relação (◇) com um representante do objeto-causa do desejo (a). Ele junta isto na relação $ ◇ *a*. Vejamos o que uma tal formulação seria suscetível de trazer consigo como conseqüências na ética própria do psicanalista às voltas com um modo de implicação específico.

Digamos primeiro que as disposições subjetivas de um analista em sessão se ligam à idéia que ele faz da finalidade de seu ato. Sem dúvida, é disso que Michel Neyraut quis dar conta ao retomar essa idéia, cara a Lacan, de que a "contratransferência" (do analista) precede logicamente a transferência do paciente (Neyraut, 1974). O interesse de um analista, no início de um tratamento, se traduz por uma espécie de *oferta* ao paciente (oferta de transferir) que ao mesmo tempo comporta seu limite: até onde o analista entende se prestar a? De fato, Lacan prefere falar, a esse propósito, de "desejo do analista" (seu desejo de análise), designando assim o que um analista espera (mais ou menos conscientemente) de sua prática e o preço subjetivo que ele consente em aí colocar. O termo "contratransferência" havia sido anteriormente proposto por Freud para designar a reação subjetiva do analista à transferência *fantasística* que o paciente efetua para sua pessoa. Também é um termo que me parece impróprio para nomear, de uma parte, o desejo primeiro (a oferta) do analista que acabo de evocar e, de outra, o fenômeno (descrito no capítulo 6) que tende a sobrevir com pacientes *em déficit de apropriação fantasística* e que provoca um tipo de indução na psique do terapeuta, precisamente curto-circuitando os arranjos representativos defensivos habituais deste.

Prestar-se ao amor-ódio de transferência

De todo modo, tentemos agora precisar qual pode ser a *ética* própria para sustentar o encaminhamento do analista, tanto quanto ele queira trabalhar (para o melhor e para o pior) para uma melhor subjetivação do *sujeito pulsional* em seu analisante. O fato de considerar o processo de subjetivação como objeto por excelência do encaminhamento analítico tem necessariamente uma incidência determinante na ética particular que ele implica; disso Freud dá conta num curto texto chamado "Observations sur l'amour de transfert [Observações sobre o amor transferencial]" (1915a), pelo qual ele pretende defender, diante de eventuais censores médicos, a *respeitabilidade* da prática psicanalítica – sobretudo, decerto, no que ela pede ao "médico" (*sic*) se prestar a que suas pacientes (talvez Freud não ouse falar aqui de *seus* pacientes?) caiam apaixonadas por ele...

Freud se empenha em mostrar que se trata de um *imperativo técnico maior* que governa o sucesso do tratamento das neuroses. Porque, precisamente, essa precipitação na pessoa do dito "médico", no atual da sessão, de um amor intempestivo (que, de fato, nada distingue, ele se preocupa em precisar, de toda paixão amorosa) oferece uma apreensão no registro inconsciente do determinismo psicopatológico em causa e permite desfazê-lo.

"Seria fácil", diz notadamente Freud (p. 121), "apoiando-me firmemente na moral corrente, declarar que o analista nunca deve, em todas as circunstâncias, aceitar a ternura que se lhe oferece, nem responder a ela [..]. No caso, estou bem colocado para substituir, sem que os resultados possam se ver modificados, os decretos da moral pelas considerações devidas à técnica analítica [...]. Convidar a paciente, quando fez a confissão de sua transferência amorosa, a sufocar sua pulsão, a renunciar e a sublimar não seria agir de modo analítico, mas se comportar de modo insensato. Tudo se passaria então como se, após ter, com a ajuda de certas hábeis conjurações, coagido um *espírito a sair dos infernos* [eu sublinho], em seguida o deixamos descer sem tê-lo interrogado [II]".

[II] Tradução brasileira: "Ser-me-ia fácil enfatizar os padrões universalmente aceitos de moralidade e insistir que o analista nunca deve, em quaisquer circunstâncias aceitar ou retribuir os ternos sentimentos que lhe são oferecidos [...]. Encontro-me, nesta

Encontramos aí a imagem bem freudiana do caráter "demoníaco" de que se reveste o determinismo de repetição, não, decerto, enquanto se originaria de uma *necessidade* fisiológica, mas no que ele manifesta "um espírito" (*um sujeito inconsciente?*) de obstinação diabólica. "O tratamento analítico", prossegue Freud, "repousa na *veracidade* [sublinho], é mesmo a isso que é devida uma grande parte de sua influência educativa e de seu valor ético. É perigoso abandonar esse seguro fundamento.

Aquele que penetrou bastante na técnica analítica não é mais capaz de recorrer às mentiras e aos artifícios sem os quais o médico comum não saberia passar".

"No que se refere à análise", conclui ele, "satisfazer a necessidade de amor da doente é tão desastroso e aventuroso quanto sufocá-la" [III].

Isso o leva a formular que o analista deve ensinar sua paciente a "vencer o princípio de prazer" (*sic*, p. 129) – a fim de adquirir uma maior "liberdade" interior. Eis, pois, a liberdade subjetiva considerada como devendo ser adquirida contra o princípio de prazer.

O analista deve assim "se prestar", diz ele ainda, a ser, por um tempo suficiente, "o objeto do amor passional" (sexual) de sua paciente, se quer chegar a um franqueamento efetivo desta como sujeito. Sua posição, então, tem o seguinte de particular (pelo que ela se distingue fortemente do código da moral médica), que implica que ele exponha sua pessoa de terapeuta à fantasia libidinal do neurótico: a eficácia da análise depende da aptidão

---

ocasião, na feliz posição de poder substituir o impedimento moral por considerações de técnica analítica, sem qualquer alteração no resultado. [...]. Instigar a paciente a suprimir, renunciar ou sublimar seus instintos, no momento em que ela admitiu sua transferência erótica, seria, não uma maneira analítica de lidar com eles, mas uma maneira insensata. Seria exatamente como se, após invocar um espírito dos infernos, mediante astutos encantamentos, devêssemos mandá-lo de volta para baixo, sem lhe haver feito uma única pergunta".

III Tradução brasileira: "o tratamento analítico se baseia na sinceridade, e neste fato reside grande parte de seu efeito educativo e de seu valor ético. É perigoso desviar-se deste fundamento. Todo aquele que se tenha embebido na técnica analítica não mais será capaz de fazer uso das mentiras e fingimentos que um médico normalmente acha inevitáveis".

"É, portanto, tão desastroso para a análise que o anseio da paciente por amor seja satisfeito quanto que seja suprimido".

daquele que a conduz para vir ocupar o lugar de *objeto* do desejo inconsciente de seu paciente. Daí, o analista deve assumir que suas intervenções emanam *desse lugar mesmo de objeto-causa* e sejam percebidas como tal pelo paciente.

Com uma paciente como aquela de quem acima relatei uma sessão – uma neurótica que tinha tendência demais a *saturar* defensivamente a relação imaginária de eu a eu –, o tipo de intervenção adotado (reenviar o termo "condutor", por exemplo) evita dar influência (e efeito de logro) demais a esse imaginário. Também, na seqüência dessa sessão, me senti ocupando para ela mais um estatuto de *objeto parcial* (cocô-pênis) e, como tal, passavelmente maltratado, sem cuidado reparador imaginário demais. O acesso a um tal registro aparece como um indicador bastante seguro de progresso na direção do cumprimento liberatório do processo – na medida em que este deve passar por uma certa desidealização da pessoa global do analista.

A idéia de Lacan de que um impulso essencial da *transferência* para o analista se liga ao fato de que este vai ocupar, aos olhos do paciente, a famosa posição do "sujeito suposto saber" conheceu um amplíssimo sucesso. Um tal pressuposto do outro como sabendo se origina numa posição imaginária idealizante que é considerada, é claro, existir apenas na mente do paciente – o que pensar, com efeito, de um analista que se supusesse saber o que seu paciente ainda não lhe ensinou?...

Resulta desse lugar específico em que o analista deve vir se situar uma ética conseqüente com o imperativo de operar para o destacamento de um sujeito pulsional. Porque é preciso uma certa escolha de *apassivação* para aceitar ocupar para seu paciente esse lugar mesmo de *objeto-causa* – objeto designado por Lacan como pequeno *a* e definido, vimos, como *resto real* da simbolização, resíduo inelutável do fato de que o ser humano deve pôr seu vivido em palavras.

O avesso da psicanálise

É precisamente o que Lacan buscou melhor definir durante seu seminário do ano 1969-1970, intitulado *O avesso da psicanálise*. Concebido no contexto um pouco surrealista dos impactos do movimento de Maio de 68, esse seminário é conhecido sobretudo sob o nome de "Quatro discursos". Com efeito, nele Lacan se esforça por esclarecer a especificidade da fala do analista em sessão, confrontando-a com as características dos três outros "discursos" subjetivos concebíveis: o da verdade do sintoma que ele chama de "discurso da(do) histérica(co)", o do exercício do poder que ele designa como "discurso do mestre" (objeto alvo da contestação política de então) e o do saber constituído, dito "discurso universitário", assimilável ao discurso das ciências objetivas.

O interessante é que o discurso do analista vai se caracterizar, para Lacan, pelo fato de ser proferido precisamente a partir desse lugar mesmo de *objeto (a)-causa do desejo* e, pois, *causa da transferência*. Ele contrasta, pois, com o discurso dito da histérica, que provém do lugar do sujeito ($) do desejo inconsciente, ou seja, o sujeito do sintoma. O próprio do psicanalista é, pois, conceber sua palavra como ligada a esse lugar de objeto que lhe é assinalado pela transferência de desejo inconsciente – o lugar de um objeto cujo traço é real no psiquismo, onde ele forma como que um "resto" irredutível ao discurso. Pode-se observar que essa idéia diretriz de Lacan se situa no prolongamento de seu seminário sobre "A ética" (1959-1960), que desembocava, dez anos antes, nessa proposição surpreendente de uma ética submetida[3] à verdade saída do "*isso*".

Mas, para o analista, o fato de pretender intervir a partir de um tal lugar obscuro *de objeto-causa* implica, de sua parte, um duplo luto: primeiro, renunciar a um saber estabelecido antecipadamente sobre o objeto de sua prática (luto, então, do encaminhamento universitário ou científico); e luto também de deter uma posição de força (de ser mestre do destino de seu paciente como imagina sê-lo o hipnotizador). O analista deve, antes, preparar-se para que o próprio cumprimento de seu trabalho com seu paciente o leve a "cair" ao termo do tratamento como objeto desmistificado.

---

[3] A segunda sessão relatada por Freud (*Journal d'une analyse*, 1909) de um dos seus primeiros tratamentos padrão é, quanto a este aspecto, exemplar: ele declara ao Homem dos Ratos que não está em seu poder de analista dispensar o paciente de ter que restituir sua fantasia ("ele também poderia me pedir para lhe dar dois cometas"), PUF, 1974, p. 43.

Quanto a isso, não se pode evitar de observar que numerosos analistas (a começar pelo próprio Lacan) parecem antes ter-se empenhado, em sua vida pública, em pegar com uma das mãos o que largavam com a outra pela renúncia consentida na privacidade de sua prática de divã. Uma tal retomada de poder (de mestria) pode, exemplarmente, efetuar-se no campo das instituições psicanalíticas, a partir da *dívida* imaginária que liga os jovens analistas a seu *formador*, com o domínio que este pode conservar.

Lacan talvez se mostre mais conseqüente com a ética que propõe quando mofa de um psicanalista que imaginaria poder fazer uso das disposições tradicionalmente chamadas de "a boa alma" pela moral filosófica, notadamente no sentido da *empatia compreensiva*. Para situar isso mais na atualidade do que se pode ler, aqui e ali, na publicação psicanalítica internacional, apenas mencionarei, de minha parte, o espanto que por vezes me tomou diante das declarações de certos colegas, sobretudo de língua inglesa, engrandecendo, por exemplo, "o duro esforço [do analista] para chegar a apreender o que o paciente verdadeiramente quer fazê-lo compreender..." (*sic*).

Vê-se que o que está em questão não é mais, então, sujeito inconsciente (ao menos do lado do paciente), menos ainda, certamente, sujeito dividido: mas apenas o meritório esforço do eu do analista para chegar a figurar para si esse outro eu, o do paciente, cuja infelicidade seria, em suma, só ter, até agora, chegado a ser "compreendido" por ele mesmo! A prática do psicanalista assim vem a se reduzir ao campo (imaginário) da relação egóica com o outro. Quer dizer que ela expulsa não apenas a noção de anacronismo *transferencial* e de *repetição*, mas também o que Freud buscou situar como concepção *meta* (-psicológica). A noção de excentração do aparelho psíquico, com o papel determinante de um *Inconsciente dinâmico* como sistema próprio, parece não ter mais curso aí, nem o conceito freudiano de *pulsão* – já torpedeado pela escolha feita por Strachey de traduzir em inglês o termo freudiano *trieb* por "instinto", que se origina nas montagens comportamentais do animal. Tais derrapagens conceituais levam a se perguntar se uma ética comum pode ainda ser destacada no seio de uma Associação Internacional de Psicanálise, verdadeira babel em que pretendem coabitar sistemas teóricos tão heterogêneos.

Mas, no que se refere à posição *ética* própria do psicanalista, temos ainda que enfocar esse avatar, regularmente ressurgido da prática: que seu quadro vem obrigatoriamente favorecer uma relação sexual efetiva, inclusive amorosa... As conseqüências só deveriam ser domináveis, verdadeiramente dizendo, pelo próprio processo da análise – desde que, decerto, o psicanalista não pretenda, a partir de uma tal derrapagem, manter abusivamente (perversamente) sua suposta função através de sessões pontilhadas por práticas sexuais... Sobressai muito claramente do que propus acima que o analista que vem a efetuar uma passagem ao ato sexual em sessão de fato só faz revelar, através disso, sua *carência em sustentar seu desejo específico de análise* – como se este último, desfalecente, tivesse devido ser substituído por um estimulante de um outro tipo (tendo a natureza, como se sabe, horror do vazio).

Trata-se, em suma, de um analista que se desqualifica de fato, como tal (mas não forçosamente como amante), e me parece que um Comitê de Ética deve registrar uma tal autodesqualificação.

Terminarei estas breves observações lembrando que não pára de repercutir a questão sobre o fato de que uma ética própria da psicanálise se encontra ligada, de maneira quase indissociável, com a questão do valor desta como *encaminhamento rigoroso*, quer o chamemos "científico" ou não (ver o fim do capítulo 6). Essa confrontação crucial entre *Ciência e valores* (Leibowitz, 1987) domina o problema do futuro da pesquisa propriamente psicanalítica. Mas também o problema da concorrência econômica que se joga no campo das práticas psicoterapêuticas – com os encaminhamentos de condicionamento notadamente, que se vangloriam ao mesmo tempo de ser mais "científicos" (objetivantes) e de custar menos caro...

Os psicanalistas, nessa virada de milênio, parecem tomar mais consciência de estar contra a parede: é-lhes preciso melhor "vender" o valor de seu ponto de vista e de suas implicações práticas. A pressão econômica os obriga a fazer valer mais claramente *a natureza subjetiva do objeto de sua atividade* e, assim, o rigor próprio de seu encaminhamento – sobre o qual é, mesmo assim, aflitivo que tenha por tão longo tempo sido definido apenas por seu quadro formal: o divã, a freqüência e a duração das sessões! É o grande momento de melhor determinar o que é com justeza "falar de psicanalista", isto é, o que especifica esse encaminhamento teórico-prático, através da diversidade possível dos quadros (individual, grupal, institucional) de sua prática.

Concluirei sugerindo que temos sobretudo, como psicanalistas, que nos conceber a serviço de coisa diferente de uma concepção *ortopsicológica*, que visa reforçar as funções do eu cultivando suas ilusões de unidade e de mestria globalizante. Proponho considerar que o psicanalista se caracteriza, antes de tudo (entre outros psicoterapeutas), pelo fato de que sua ação seja motivada pela *paixão do sujeito d'isso*: um sujeito pulsional e sexuado cujo ganho qualitativo se dá no sentido de aprender a melhor jogar e, notadamente, a melhor *apassivar* a fecunda divisão estrutural que é a sua.

Recapitulação provisória

Tentemos agora reunir as proposições de abordagem da função sujeito, tal como pudemos conduzi-la até aqui ao longo da presente obra.

– *O sujeito no ser humano é saído da* atividade pulsional *em relação à qual ele se especifica, primeiro e antes de tudo, por ser* agente.

– *A partir daí, o processo psíquico de* subjetivação *se nutre da captura desse sujeito-agente pulsional numa interação que se carrega de sentido a partir das respostas do parceiro primordial (materno).*

– *A subjetivação vai se nutrir, em primeiro lugar, do valor* significante *das respostas desse outro parental a suas tentativas de enganchamento pulsional.*

– *Aqui, o que Freud designa como tempo de* apassivação *do modo de satisfação pulsional se verifica decisivo, permitindo ao sujeito nascente adquirir um estofo de objeto do outro pulsional (parental) e, através disso, vir a se representar como parte pregnante de uma relação fantasística.*

– *Ainda é preciso que esse outro lhe autentifique, no mesmo movimento, o levar em conta sua própria* incompletude, *sua* falta *possível, condição para que as representações (de palavra ou de coisa) relacionadas possam se tornar* significantes, *isto é, os elementos móveis de um jogo simbólico e subjetivante.*

– *A componente pulsional de* desligação *(pulsão dita de morte) deve exercer aqui seu papel para que o sujeito possa chegar a "ex-sistir" no investimento libidinal do outro parental.*

– *Isso se realiza notadamente através de uma suficiente qualidade* sublimatória *do investimento pulsional parental.*

– *O sujeito em análise ganha ao viver mais* apassivação *por relação a seus recursos pulsionais e aos significantes que governam sua entrada em jogo.*

10.
Os tempos lógicos da subjetivação

As proposições reunidas acima apenas têm a pretensão de fornecer o esboço, o início de uma teorização psicanalítica da subjetivação. Tendo concebido esta como nascendo *entre pulsionalidade e significância*, tentemos, no momento, progredir na apreensão do próprio processo.

O importante é que o progresso da subjetivação se apóia em dois registros concomitantes: de uma parte, uma relação *sincrônica* entre "sujeitos recíprocos" (cujo modelo encontramos na interação mãe-filho) e, de outra, a *diacronia* de um percurso significante que opera por "saltos" descontínuos. Sobre isso ainda, é interessante voltar a partir do trilhamento operado por Jacques Lacan com a introdução de sua noção de *escansão* na metade dos anos quarenta[1]. Essa noção vem tomar seu sentido por relação ao modelo anterior do *estádio do espelho* proposto antes da guerra pelo mesmo Lacan (1936). Com efeito, com a noção de escansão ele se propõe introduzir algo do registro da sucessão especificamente *temporal* no que, até então, havia apresentado como um modelo de relação estruturante imaginária: a de uma confrontação corporal do sujeito nascente com seu parental na especularidade do "espelho".

Sabe-se que essa idéia de espelho encontrou um prolongamento muito fecundo, a partir dos anos cinqüenta, na proposta de D. W. Winnicott

[1] Aqui fui consideravelmente ajudado pela obra cuidadosa de Érik Porge, *Se compter trois*, Toulouse, Érès, 1989 [*Psicanálise e tempo – o tempo lógico de Lacan*, Companhia de Freud, 1998], ao qual rendo aqui homenagem.

referente a "O papel de espelho da mãe no desenvolvimento da criança". "O precursor do espelho", diz notadamente Winnicott (1975), "é o rosto da mãe". Ele especifica: "O artigo de Jacques Lacan sobre 'O estádio do espelho' (1949) certamente me influenciou. Ele trata da função do espelho no desenvolvimento do eu de todo indivíduo. Entretanto, Lacan não relaciona o espelho e o rosto da mãe, como proponho fazer".

Voltemos agora ao texto que Lacan intitula "O tempo lógico" e que foi publicado pouco após a Libération (1945), num número especial dos *Cahiers d'Art*, que reaparecia enfim, depois do "buraco" dos anos da guerra – número histórico do qual participam Alquié, Bachelard, Bataille, Char, Éluard, Paulhan, Ponge, Queneau e onde se encontram reproduzidas obras de Picasso, Braque, Matisse, Rouault, Kandinski... Mas é apenas em 1966, com a publicação dos *Écrits*, que esse texto (notavelmente remanejado) vai poder conhecer uma difusão bastante ampla.

Com "O tempo lógico", Lacan empreende globalmente *pôr a trabalhar a relação do tempo e do espaço* – e bem antes de ter a idéia, cerca de vinte anos mais tarde, de se servir de modelos representativos próprios dessa geometria deformável (em movimento) que é a *Topologia*.

Nossa presente proposição sobre o processo de subjetivação está diretamente interessada na maneira pela qual Lacan vai introduzir, nesse trabalho, a noção do *desenvolvimento temporal de um sujeito recíproco em ação*. Para ilustrar isso, ele se serve de um problema bem conhecido: o dos três prisioneiros aos quais se declarou que teriam a vida salva com a condição de que cada um adivinhasse a cor de que era portador, mas que por ele mesmo ele não pode ver. Lembremos os dados do exercício: nas costas de cada um dos três prisioneiros, prende-se um disco; todos sabem que havia cinco discos, no início, *dois pretos* e *três brancos*; eles não têm nenhum meio de perceber o disco de que são portadores, mas, por outro lado, vêem o dos outros dois prisioneiros; de modo algum podem se comunicar entre eles e, decerto, não têm conhecimento da cor dos dois discos restantes não distribuídos.

No caso exemplar relatado, é dito que, após terem por longo tempo se considerado, os três prisioneiros vão se pôr em movimento quase que simultaneamente para se dirigir à saída na qual é esperado que cada um declare a cor de que se pensa portador. Eles saem *juntos*, cada um tendo terminado por concluir que era portador de um disco branco. O encaminhamento de pensamento de qualquer um deles pode ser apresentado dessa forma condensada: "Sendo dado que vejo que meus dois companheiros são brancos, penso que, *se eu fosse preto*, cada um desses outros poderia pensar que, se ele também fosse preto, o terceiro, vendo dois pretos diante de si, saberia imediatamente que é branco e sairia; ora, ele não sai; daí cada um dos dois poderia deduzir que é branco, ora, nenhum dos dois sai, então, não sou preto". Uma longa suspensão se segue até que cada um, vendo dois brancos, se sente confirmado em sua conclusão, "Sou branco como eles", e que os três finalmente se decidam a sair.

Mas Lacan qualifica de *sofisma* essa maneira condensada de dar conta do problema do reconhecimento indireto de sua cor por cada um. Com efeito, ele avalia que ela escamoteia o fato essencial de que a explicitação do problema deve fazer intervir ao menos *duas escansões temporais sucessivas e suspensivas* – duas paradas e duas partidas – antes que algum dos prisioneiros possa adquirir uma *certeza subjetiva*.

A fim de verdadeiramente decompor esse processo lógico, é preciso, primeiro, colocar-se na pele de um dos personagens, chamado *A*, o qual deve chegar a concluir, guiando-se por sua percepção dos dois outros e de sua resposta. A via de resolução da incerteza consiste, efetivamente, a partir do fato de que *A*, vendo *B* e *C* brancos, *primeiro vai hipotetizar que é preto* e visto como tal.

Então ele busca representar para si o que *B* pode se dizer ao ver, então, *A* preto e *C* branco: *B* vai se supor primeiro também preto e dizer-se que *C*, ao ver dois pretos diante dele, sairia sem mais esperar, seguro de ser branco. Ora, *B* vê que *C* não sai, e isso lhe indica que *C* se encontra diante de duas possibilidades: ou ele vê diante de si um preto e um branco ou dois brancos.

O raciocínio de *A*, partindo da hipótese de que seria preto (e de que *B* o vê preto) acaba por considerar que, se tal fosse o caso e que, no entanto, *C* não sai, *B* poderia daí concluir que ele próprio não é preto, que é branco, e então não deixaria de sair.

Ora, *A* vê que *nem C nem B saem*; então, que *B* não pôde sacar da não-saída (ainda que vendo *A* preto) que ele mesmo era branco. *A* pode se dizer: se *B* não sai, é, então, porque não me vê preto; minha hipótese de partida se vê, então, falsa e posso sair dizendo que sou branco.

Como cada um pôde fazer esse mesmo raciocínio, os três quase ao mesmo tempo vão se decidir a fazer o movimento de sair. Mas é aqui que Lacan identifica o erro lógico (o que ele qualifica de *sofisma*), porque *da partida dos dois outros vai surgir, para cada um, a objeção à certeza*. Foi pelo fato da atitude de expectativa, de imobilidade dos dois outros que progressivamente se confirmou a convicção de *A*. Esta não pode deixar de ser abalada pelo movimento de sair com ele. *A* deve parar, então, para reconsiderar sua dedução a partir desse novo dado constituído pelo movimento dos outros para a saída. É então que sua cogitação vem se enriquecer com um novo fato: *os dois outros também pararam ao vê-lo suspender sua saída!...*

A, então, parou de sair [primeira parada ou escansão suspensiva] para novamente se pôr a pensar no lugar de *B*. Ele pode dizer-se que este último talvez seja lento de raciocínio e que sua saída indica que levou tempo para compreender, ao ver *A* preto e *C* não saindo, que ele era, conseqüentemente, branco – no qual caso *A* seria preto e estava a ponto de cometer um erro fatal ao sair para se declarar branco!... Mas, diz-se *A* ao ver o outro parar ao mesmo tempo que ele, se *B* me visse realmente preto, *minha parada em nada mudaria sua determinação*; se minha parada o faz assim duvidar, é porque ele se diz que é *como eu* (e *C* também).

A então decide voltar a se dirigir para a saída, e logo os três voltam a partir. Sendo dada a gravidade do que está em jogo (eles só terão a vida salva se não se enganarem quanto a sua cor), compreende-se que *A* tenha ainda necessidade de um tempo de parada [segunda parada ou escansão suspensiva] para se perguntar: *é a mesma coisa que da última vez*? Estamos numa repetição indefinida?

Mas ele vê os dois outros pararem ainda com ele e pode então apreender que um *progresso lógico* com relação à escansão precedente se realizou: a primeira parada de *A* não teria feito *B* (nem *C*) hesitar se *A* fosse preto; mas, se fosse esse o caso, seria ainda mais absurdo que *B* tenha parado uma segunda vez!

A pode se dizer, desta vez: "Se *B* sempre hesita no mesmo tempo das minhas hesitações, é porque não me viu preto e sou branco como ele, o que o obriga ao mesmo raciocínio que eu". E os três se apressam a concluir, saindo.

Vê-se, em suma, como o desenvolvimento proposto por Lacan não muda nada dos elementos concretos da solução condensada do problema tal como foi dada no início. Mas as *escansões* que ele introduz têm como objetivo concretizar, como ele diz, "as instâncias do tempo no progresso lógico", marcando as etapas necessárias para alcançar a certeza subjetiva e testemunhando o desenrolar de uma verdadeira experiência. Assim Lacan pensa poder especificar os diferentes tempos, ao lhes dar os qualificativos seguintes: chama o primeiro de "o tempo de ver" (que os dois outros são brancos), o segundo é "o tempo de compreender" (cogitação que conduz à primeira partida e à primeira escansão), o terceiro é "o tempo de concluir" (com a segunda escansão que abole completamente a dúvida subjetiva).

Esse modelo experimental tem o mérito de pôr em evidência (de fato, sobretudo na versão acabada que lhe dão os *Écrits* em 1966) duas condições essenciais que governam o progresso de toda subjetivação.

A escansão temporal introduzida por Lacan se inspira fundamentalmente na noção freudiana de *só-depois* (sobre a qual é surpreendente constatar quanto continua a ser pouco levada em conta pelos psicanalistas de língua inglesa). Com seu *só-depois*, Freud com efeito já introduz a dimensão cronológica de uma maneira que anuncia a de *tempo lógico*. Sabemos que é *a castração* que Freud acabou por conceber como uma experiência subjetiva que necessita de vários tempos: há, primeiro, o tempo da simples percepção (tempo para ver) da ausência de pênis na mulher, a qual só vai adquirir sua plena carga de significação (ansiógena e mola propulsora do *complexo de castração*, com seus avatares sintomáticos) a partir de tempos ulteriores em que sobrevém a ameaça parental a propósito da atividade masturbatória. Verifica-se que a significação dada à experiência vai se ver mudada à medida da sucessão desses acontecimentos ulteriores, modificando gradualmente as implicações tiradas no plano subjetivo. A dimensão *diacrônica* é, assim, introduzida como uma seqüência de experiências em forma de rupturas, de saltos, de descontinuidades subjetivas com efeito retro-ativo.

O segundo determinante se extrai, ao contrário, em termos de *causalidade síncrona*. Com efeito, a história exemplar do destino dos três prisioneiros permite situar, diz Lacan, que "essa subjetivação é a de um sujeito recíproco". É a partir da resposta comportamental dos protagonistas em jogo que as suputações imaginárias de cada um poderão adquirir sua certeza. A subjetivação dos três "brancos" só pode avançar através da *pressa para concluir* de cada um deles e só alcança uma qualidade de certeza (de plena realidade psíquica) a partir do tempo de sua primeira partida.

Reencontramos aqui a afirmação da presente obra, que considera a interação pulsional primeira como matriz da determinação subjetiva (capítulo 1). Disso as trocas entre mãe e criança aparecem como o protótipo. No seio dessas interações, observa-se a incidência de *tempos sucessivos*: o que Freud designa como encadeamento dos modos ativo, auto-erótico e passivo de satisfação pulsional. No tempo da *apassivação* do objetivo, a qualidade da resposta do *sujeito exterior* (o protagonista materno do enganchamento pulsional primeiro) vem exercer um papel determinante na significação da experiência subjetiva.

A partir dessas duas dimensões concomitantes, diacrônica e sincrônica, se extrai a idéia fundamental de que a subjetivação se origina na *transformação de um dado espacial* (a confrontação corporal de sujeitos recíprocos alternados) *na dimensão do tempo*. Essa dimensão tempo toma sua realidade própria através de uma série de *atos* postos (partidas, paradas) que constituem *respostas do protagonista*, provocando o que Lacan qualifica de *escansões*.

É nessa perspectiva que a noção freudiana de *transferência* vem tomar todo o seu alcance. A retomada, no tratamento, sob um modo que primeiro se apresenta como repetitivo, de certas experiências primeiras com dificuldades de subjetivação virá se situar, para o sujeito analisante, numa perspectiva de *tempo lógico* capaz de transformar gradualmente sua experiência. Mas, assim sendo, não podemos negligenciar esse fato de que a resposta do analista-protagonista intervém como elemento decisivo na qualidade da integração subjetiva da experiência em questão. Aqui ainda vem se exercer a necessidade de uma *mutualidade* suficiente, ao mesmo tempo que de uma *reversibilidade* que reúne a noção de base de uma permutação das posições (ativa-passiva) na interação pulsional.

Por fim, é indispensável voltar a situar as noções que precedem referentes ao *tempo lógico* na gênese da distinção fundamental, feita por Lacan, dos registros do real, do imaginário e do simbólico (enunciada em 1953). O registro simbólico, evidentemente determinante no processo de subjetivação, se encontra literalmente saído da noção de *significante*; também devemos completar, agora, certas implicações dessa idéia de *significante*.

As escansões significantes

É apenas em sua publicação de 1966 que Lacan vai utilizar o termo *significante* para designar as *escansões*. Essa concepção do significante provém, de fato, da idéia de *traço unário*, tal como ele a desenvolve notadamente em seu seminário de dezembro de 1961 – "A identificação", ainda inédito –, no qual ele comunica a seus ouvintes a "descoberta" que acaba de fazer, no museu da pré-história de Saint-Germain-en-Laye. Lacan fala da grande emoção que sentiu diante de um osso de rena que datava do Paleolítico (cerca de 30 000 anos a.C.) e sobre o qual se pode ver toda uma série de pequenos entalhes alinhados que poderia evocar algo como uma contabilidade.

Para além da emoção de representar para si esse velho sujeito ancestral trabalhando, Lacan se declara tomado por uma espécie de evidência: que esses traços similares em sua repetição (alinhamento) *marcam ao mesmo tempo, cada um, correlativamente, uma diferença* (de tipo contábil talvez).

Ele então afirma que "essa mesmidade [*sic*] é constituída do seguinte, justamente, de que o significante como tal serve para conotar a diferença em estado puro". Isso o conduz a considerar que a natureza do significante é precisamente introduzir descontinuidade. Lacan afirma que "o próprio do significante é introduzir uma descontinuidade no real (*Écrits*, p. 799, etc). É precisamente a partir dessa noção de descontinuidade que se pode caracterizar, a seus olhos, o registro específico que ele chama de *simbólico*. A idéia de significante pode, então, assim ser formulada: *algo que não estava dado antes se produz num certo momento*. É esse momento que Lacan designa precisamente como o da *escansão*. Nesse momento do tempo de parada, produz-se uma diferença fundamental no seio da própria função do determinismo síncrono: *o espaço de diferença em que uma subjetivação vai poder se efetuar.*

Aqui Lacan retoma sua idéia de um agente primeiro "acéfalo" – aquele mesmo pelo qual vimos (capítulo 1) que ele caracterizava na origem o movimento pulsional do pequenino, *antes da resposta do outro sujeito (parental)*. Esse estado pré-subjetivo é também o do prisioneiro *A* no momento em que apenas pode *ver* (tempo 1) que os dois outros são brancos, antes que possa dar sentido a seu comportamento (resposta). É ainda o do menininho que vê o simples fato da ausência de pênis na sua irmã – antes de ter ouvido a ameaça referente ao uso que poderia fazer de seu pênis. O processo de subjetivação pessoal vai, a partir de então, levar em conta, numa relação processual complexa, os significantes (respostas) que lhe são dados a perceber – e falar de processo é certamente falar de transformação.

Reencontramos aqui a noção de *des-ligação* (capítulo 8), porque aparece que o papel da "pulsão de morte" situada por Freud a partir de 1920 vem dar conta, segundo o ponto de vista *dinâmico*, dessa noção significante de descontinuidade. Após o tempo de ver (ainda possivelmente fusional), vê-se bem que o tempo para compreender e, sobretudo, o tempo para concluir introduzem necessariamente *um certo desenganchamento subjetivo*. Érik Porge oportunamente nos lembra sobre isso que "decidir, etimologicamente, é cortar, é tomar uma "de-cisão" (p. 107 da edição francesa). A desligação é, de fato, essencial ao processo.

Sujeito manifesto na imagem e sujeito latente-ausente no ato

Na ótica da "segunda metapsicologia" freudiana (Roussillon, 1995), a do *para-além* e da *pulsão de morte*, quero salientar como o processo de subjetivação pode operar num tratamento a partir do material "manifesto" de certos sintomas (em sessão ou entre as sessões) mais ou menos marcadas por essa descontinuidade.

Sabemos como o trabalho do sonho *disfarça* os pensamentos latentes debaixo das figuras manifestas, as quais, de fato, traduzem processos de pensamento complexos em termos de condensação e de deslocamento. É o ensinamento que Freud soube retirar da análise das formações do sonho, e também dos sintomas neuróticos.

Mas uma tal relação do manifesto com o latente nem sempre vem traduzir um processo de simbolização acabado. Na nossa prática de psicanalista, precisamos levar em conta uma notável diversidade de registro dos dados sintomáticos manifestos. Entre os múltiplos casos exemplares clínicos com os quais temos que nos confrontar, existem, assim, casos em que o analista se vê solicitado num registro de expressão manifesta que se poderia dizer *visceral* e que conduz a evocar a idéia de *um latente que equivaleria ao irrepresentável*[2] (ver também capítulo 6).

A grande diversidade de casos com que temos que lidar nos obriga a considerar que o que é "apresentado como manifesto" em sessão por um paciente pode reenviar a estofos bem diferenciados de traços causais. Pode se tratar de certas imagens verbais ou de representações de coisas, mas também de sensações corporais, ou ainda, certamente, de comportamento agido... Através dessa própria diversidade, é-nos forçoso constatar que o potencial de *significância* (e, portanto, de subjetivação) desses dados "manifestos" pode se verificar dos mais variáveis – e, ao mesmo tempo, sua aptidão para servir ao trabalho perlaborativo do paciente no sentido de melhor liberar o *sofrimento existencial* de que ele padece.

Para ilustrar uma tal diferença possível de materiais sintomáticos em sua aptidão para servir ao processo da subjetivação, evocarei sucintamente dois extratos do tratamento de dois pacientes muito diferentes – no entanto, fortemente engajados, tanto um como outro, num processo de análise bem investido como tal no plano pessoal e capazes de produzir um trabalho de perlaboração de qualidade.

O Édipo, sempre recomeçado...

O primeiro, sul-americano, já havia efetuado em seu país de origem uma bem longa psicanálise pessoal antes de obter sua nomeação como funcionário em Paris. Ele então vem me encontrar a fim de retomar em francês um novo tratamento. Após algumas semanas a quatro sessões, cheguei a me dizer que decididamente estava lidando com um neurótico como praticamente não se vê mais. Certo que sua sintomatologia fobo-obsessiva cerrada havia sido *amainada*, mas talvez também um pouco *entretida* através do que ele me deixava imaginar de uma sustentação muito compreensiva da parte de sua precedente analista sul-americana, muito generosa em palavras reconfortantes.

2 "L'irreprésentable" é o tema do nº 1, 1992, da *Revue française de psychanalyse*.

Certo dia, ele conta seu sucesso da véspera: havia sido exitoso em fazer amor com uma "profissional" que ele chamou à sua casa. Ele me descreve essa dama como "muito brutal" e chega a qualificá-la de "monstruosa". Entrevê então, ao mesmo tempo, quanto "as moças amáveis e doces" na realidade antes o inibem.

Decido então atrair sua atenção para o fato de que é esse mesmo qualificativo (*monstruosa*) que ele havia atribuído a sua mãe nas nossas entrevistas preliminares, quando buscava me descrever o comportamento autoritário, intrusivo e abusivo desta durante toda a juventude dele.

Na sessão seguinte, ele me conta um sonho no qual se vê anunciar a seu jovem irmão que contraiu a Aids, mas no qual ao mesmo tempo há a idéia de que esse irmão bem poderia tê-la também. Ele me explica que a Aids é "manifesta" (*sic*) no seu sonho da seguinte maneira: ele vê em grande plano seus próprios pés, inchados, com uma marca vermelha, "como um buraco", nos maléolos de ambos os lados dos tornozelos. Suas associações o levam a evocar vagamente a idéia de uma "sanção" que resultaria de seu sucesso sexual da véspera com a profissional "monstruosa" (ele se preocupa em me certificar de que havia tomado todas as precauções necessárias).

Enfim, não encontro nada melhor que perguntar a esse homem angustiado se conhece o sentido literal da palavra "Édipo" em grego. E, de fato, a sacada interpretativa dessa imagem (manifesta) dos *pés inchados-furados* vai fazê-lo progredir nesse reconhecimento de sua fixação erótica incestuosa (latente) em sua mãe.

Temos aí, em suma, um material de tratamento padrão em que o trabalho de subjetivação pode se desenvolver tendo como única alavanca a representação significante do sonho.

O *mau sujeito* da ausência

É completamente diferente a incidência prática de uma sintomatologia em forma de *acting* que vem por longo tempo suspender (escandir) de maneira reiterativa o tratamento de um outro paciente que, no entanto, eu no início havia percebido como podendo ser um analisante tão dotado quanto o primeiro.

É um homem da faixa dos trinta, também, e de aparência bastante bela. Veio me consultar em razão da *ruptura repetitiva* de suas relações, tanto profissionais quanto amorosas. Ele me conta que ambas geralmente se encetam de um modo sedutor e promissor e, depois, se quebram, por uma razão ou por outra, "em pura perda".

Esse homem, que chamarei de Antonio[3], é de origem muito modesta. Nasceu no sul da Europa, de um pai pequeno artesão que devia vir efetuar períodos de trabalho clandestino em Paris – de sorte que Antonio foi colocado, durante toda a sua segunda infância, numa espécie de orfanato de sua região de origem.

Ele recebia visitas inopinadas de sua mãe, que nunca julgava útil preveni-lo, e isso num ritmo quase que trimestral, mas nunca de seu pai, que ele só reviu no período de sua pré-adolescência, quando enfim pôde deixar esse orfanato para vir se juntar a seus pais instalados mais regularmente em Paris.

Antonio fala francês sem sotaque. Ele me explica que pôde levar bem seus estudos universitários graças a uma organização política extremista na qual escolheu militar; através disso adquiriu uma certa competência econômico-jurídica. Seu bilingüismo subtende uma cultura bastante ampla, e constato que ele pode dar prova de *insight* e de uma certa fineza de análise.

O trabalho analítico se enceta num ritmo de duas vezes por semana; e ele me paga pontualmente, apesar de sua situação precária. Primeiro me fala muito de sua relação com o filho que teve com uma mulher francesa mais velha, da qual ainda não se divorciou. Ele observa que esse filho tem a idade que ele mesmo tinha quando foi *colocado*; e quanto seu próprio vivido de abandono se encontra fortemente reativado pela separação dele.

Mas eis que, após alguns meses, Antonio inopinadamente pára de vir às sessões. Chego a supor que *fugiu da cura*, porque passavelmente melhorou sua situação, profissional e matrimonial. No entanto, ele vai me recontactar, um trimestre mais tarde, desculpando-se muito. Ele me diz no telefone haver temido que eu me recuse a revê-lo.

Então, ele vai voltar a me explicar sua vida difícil de pai separado, entre dois países, e o virulento conflito que persiste com sua ex-exposa. Diz ter

[3] Esse caso foi discutido no Colloque du groupe lyonnais aux Arcs, em março de 1992.

necessidade de voltar a "trabalhar" comigo essa dimensão de sua relação com ela que ele percebe como "odienta". Ele logo vai associar com a formidável ambivalência de sua relação com seu próprio pai. Ele me diz que lhe aconteceu trabalhar "triste" com este durante períodos em que estava sem emprego.

As relações familiares que esse paciente me relata me evocam então, fortemente, as que constituem a trama de extraordinários romances de John Fante[4], cativantes por sua maneira (patético-engraçada) de descrever a impossibilidade, para o filho, de obter de seu pai que reconheça as dificuldades de seu próprio comportamento – insuportavelmente abusivo, mortífero, inenarrável...

E depois Antonio vai desaparecer ainda durante vários meses, sem me dar o menor aviso. O *acting* transferencial é manifesto e fico irritado com ele. Mas ele ainda vai me telefonar cerca de três meses mais tarde, aparentemente todo confuso, para me explicar que exerce, no momento, uma profissão jurídica "estrita" entre seu país de origem e a França, e pela qual entende apostar astuciosamente na futura Europa comunitária. Declara ter mais que nunca necessidade de me ver e me pergunta se aceitarei agrupar as sessões no fim de semana, quando vem ver seu filho em Paris.

Mas essa nova retomada vai me permitir constatar que um certo caminho psíquico foi efetuado: *não é exatamente mesmo que se repete*. Esse paciente vive um processo lógico transformador de sua subjetividade. Sendo dada sua relativa facilidade profissional, ele vai poder antes centrar seu trabalho de análise nos seus conflitos familiares (com seus pais, sua fratria, a mãe de seu filho). Decide se instalar oficialmente durante a semana em seu país de origem e lá viver com uma nova mulher, ela mesma mãe de duas filhas cujo pai purga uma prisão perpétua por terrorismo.

Mas terei ainda que sofrer, de sua parte, uma nova desaparição de vários meses: depois do que ele vai me recontactar para pôr em vista as modalidades de uma enésima retomada. Essas novas peripécias vão me confirmar na idéia de que esse comportamento – que não pode ser mais "manifesto" em um certo sentido – deve ser considerado como se originando no determinismo de repetição, no sentido da *Wiederholungszwang* freudiana.

---

4 Penso no romance *Les Compagnons de la grappe*, UGE/10/18, Paris, 1995.

O processo desse tratamento vai assim caminhar a partir da retomada no atual (agido) do que tanto havia marcado a infância desse paciente: a impressão primária das presenças-ausências parentais, impossíveis de integrar psiquicamente – e chegando à reprodução do ritmo quase que trimestral dos aparecimentos-desaparecimentos de sua mãe!...

Penso analogicamente numa outra paciente que durante longo tempo teve comigo um comportamento totalmente desconcertante, em torno de uma espécie de *insolvabilidade*: ela fazia se sucederem os cheques sem fundos que ela *reparava* também regularmente, desculpando-se muito calorosamente... Quando era menininha, efetivamente havia sido abandonada por pais incapazes de assumi-la; e os serviços sociais não encontraram nada melhor que colocá-la num internato para "crianças com déficit" no Maciço central – até que seus avós enfim decidem se encarregar dela eles mesmos. Após um tempo suficiente de tratamento – e de *actings* –, essa mulher obteve para si uma boa situação; pôde reatar com sua mãe, que vivia numa "comunidade" no Oriente, mas nunca obteve de seu pai que "respondesse presente", nem que fosse de maneira simbólica...

Parece-me que tratamentos como esses permitem melhor extrair certos mecanismos que operam no próprio fundamento do processo de subjetivação.

1. Neles vê-se progressivamente o paciente se apropriar mentalmente (subjetivar) de um fenômeno da espécie da reatualização, através da reiteração agida por ele, no tratamento, de algo que deveu sofrer originariamente. Uma certa *falta de representação d'isso* sem dúvida explica essa compulsão agida a infligi-la ao analista colocado em posição de sofrê-la. De seus desaparecimentos-reaparecimentos inopidados Antonio se constitui, no início, como o *agente manifesto*, mas, de algum modo, *acéfalo* (tempo para ver). Depois, através das reatualizações desse drama, algo como um retorno de caráter auto-atributivo vem a se desenvolver no paciente, permitindo a subjetivação progressiva d'*isso* que se produzira sem haver podido ser suficientemente vivido, como tão bem diz D. W. Winnicott. Para que este tratamento venha a prosseguir normalmente (sem mais rupturas agidas), terão sido precisos, assim mesmo, esses três anos de *actings* repetidos. Mas era evitável?

2. Um surgimento sintomático desse gênero constitui coisa diferente de um *retorno do recalcado*. Não havia verdadeiramente, em Antonio, *am-*

nésia referente aos acontecimentos sofridos na infância, apenas sua carga significativa permanecia como que apagada por uma defesa narcísica da espécie da recusa de ausência (B. Penot, 1989-1991).

Parece que a suspensão progressiva, nesse tratamento, de uma certa falta de representação de ausência necessitava de uma escolha de *apassivação* da parte do analista. Tratava-se de suspender tanto quanto possível o *julgamento de atribuição*, aceitando sofrer o que era infligido sem reprimi-lo superegoicamente – animado, antes, pela idéia de que havia ali uma chave do processo dessa análise particular. Podemos ver isso como uma ilustração de um processo de simbolização desenvolvendo-se através de *escansões* (agidas) cuja reiteração gradualmente faz progredir uma certa *suspensão* de significação.

3. Pude assim participar da apreensão progressiva, pelo paciente, do alcance *metafórico* de seu sintoma manifesto, cujas implicações significativas em termos de destino se desenhavam à medida do processo de simbolização do material sintomático. Em termos de "primeira tópica" freudiana, isso poderia ser descrito como um estofamento do sistema *Pré-consciente-consciente* no qual o caráter traumático dos vividos primeiros havia curtocicuitado o jogo simbólico estruturante para o sujeito.

4. É assim que um certo tipo de material "manifesto" (delirante, comportamental, somático...) vem testemunhar uma falta de *simbolização primária* na organização psíquica do paciente, a qual se encontra mudada por ser irrepresentável. É também o caso, me parece, desses pacientes que em seu tratamento põem em operação atitudes *perversas* que podem pôr o analista em dificuldade de encaixar (apassivar) uma interação transferencial penosa narcisicamente. E, no entanto, parece se tratar, aí, da única *transferência* de que esses pacientes são capazes, e através da qual lhes é preciso adquirir uma melhor representabilidade de seu percurso de sujeito em sofrimento.

Através de uma observação como a de Antonio, aparece, sobretudo, que a retomada de uma simbolização primária defeituosa deve ser conduzida através da colocação em jogo de uma suficiente *intersubjetividade*. Isso conflui, aliás, com o que pode ser a prática de um psicanalista com jovens em sofrimento: o terapeuta não poderia mais poupar-se de um certo *agir*, e de um *padecer*. Ainda convém que o agir emane do próprio analista!

A partir do que, tudo vai se passar como se a aquisição de uma capacidade de simbolização primária devesse resultar, para certos analisantes "limites" – como para a criancinha –, de uma dialética de reconhecimento mútuo das interações pulsionais e de seus reviramentos atributivos.

A prática de um psicanalista numa grande cidade, nos nossos dias, não pára de colocá-lo em presença de pacientes com os quais essa dimensão *agida* aparece, ao menos no início, como constituindo o modo de expressão prevalente. Tais disposições caracterizam o que se conveio chamar de "estados limites" (ver capítulo 8). O estilo dos tratamentos desses pacientes – seja qual for a idade deles – os faz parecer-se com os de adolescentes, no sentido de que o processo de subjetivação se manifesta em sua dimensão "nascente", isto é, precisamente através do agir. Mas isso tende a pôr a capacidade de *apassivação* do analista a rude prova.

A escansão agida

A noção lacaniana de *escansão* é, dissemos, inseparável da idéia de um ato subjetivante. Esse dado não deixou de ter, como se sabe, graves conseqüências nas modalidades da prática da psicanálise na França.

Foi verdadeiramente o coração do drama histórico que ocorreu, de 1953 a 1964, entre Lacan e as sociedades membros da Associação Internacional de Psicanálise. Esta última nunca aceitou ratificar a inflexão dada por Lacan à sua prática ao privilegiar uma atividade interpretativa sob a forma precisamente de uma *escansão agida* (por exemplo, fazer sair o paciente no momento em que acaba de enunciar algo marcante). É o ponto de partida da penosa história das famosas *sessões curtas*, que continua a dividir ainda hoje o vasto contingente dos psicanalistas ditos "lacanianos" pelo mundo inteiro. Patrick Guyomard acabou de lembrar isso recentemente, na Société Psychanalytique de Paris, propondo considerar que existem hoje, globalmente, duas "espécies" de lacanianos: de uma parte, os que continuam a subscrever a lógica da *escansão* como ato por excelência do psicanalista e à do *passe* como modo de comprovação de sua qualidade[5], e, de

---

[5] Parece-me importante lembrar que o próprio Lacan, quando ainda tinha seus espíritos, declarou (1978-1979) que essa experiência do "passe" que ele havia promovido (1967) para a habilitação dos psicanalistas de sua escola freudiana se verificava como um fracasso.

outra, "os outros", que se aproximariam, em suas modalidades práticas de exercício, dos analistas francófonos membros da Associação Internacional de Psicanálise.

Direi aqui que o defeito, a meus olhos, essencial dessa opção em favor da escansão agida (e da sessão curta concomitante) é congelar o ato analítico numa grave distorção: com efeito, tende a *impor de maneira sistemática uma dissimetria radicalizada e unívoca entre un analista ativo e um paciente que é o único a padecer*. No fio das perspectivas destacadas ao longo da presente obra, sobressai que a univocidade mesma dessa posição lhe confere um caráter literalmente "perverso", precisamente no que tende a entravar as necessárias *reviravoltas-inversões* que caracterizam o progresso do destino pulsional comum e, através dele, do processo de subjetivação.

Uma tal hiperatividade sistemática do analista se encontra, em suma, com a de pais patógenos – como a mãe que podemos imaginar ter sido a de Vera (capítulo 2). Essa atitude vem em contradição flagrante com o que se pode extrair de essencial da obra teórica do mesmo Lacan no sentido de melhor especificar a posição singular do psicanalista operando como *objeto-causa* da transferência. Talvez tenhamos aqui um exemplo histórico particularmente flagrante (há outros!) de uma contradição durável entre o comportamento defensivo de um autor (notadamente pelo fato de seu *horror da passividade*, diria Freud) e a fecundidade conceitual das perspectivas teóricas que ele pode abrir. Notadamente que o próprio da posição singular do analista implica logicamente e necessariamente uma *ética da apassivação recíproca* – o que a maior parte dos exemplos clínicos relatados na presente obra puderam, espero, testemunhar.

Num seminário ulterior, "A lógica da fantasia" (1966-1967), Lacan trabalhou mais profundamente essa problemática do ato como fundador do sujeito. Com efeito, ele postula que o ato (o do paciente!) veicula algo da repetição e que o significante tem vocação para constituir o suporte por excelência dessa repetição. *A repetição tem, de algum modo, ligação com o significante*. Vê-se Lacan se posicionar aqui numa ruptura crítica por relação à tese sustentada por Freud em "Rémemorer, répéter, perlaborer [Recordar, repetir e elaborar]" (1914). Lacan vem a declarar notadamente o seguinte: "O ato é fundador do sujeito. O ato é precisamente o equivalente da repetição por ele mesmo [...]. Ele próprio é dupla volta [banda de

Moebius] do significante [...]. Qual é o efeito do ato? É o labirinto próprio ao reconhecimento de seus efeitos por um sujeito que não pode reconhecê-lo, já que é inteiro – como sujeito – transformado pelo ato. O sujeito é, no ato, representado como divisão pura...".

Lacan retoma aí essa condição do sujeito humano de ser essencialmente "dividido". Isso o conduz, em seu seminário daquele ano, a uma subversão bastante radical do *cogito* cartesiano, a propósito do qual ele se exercita em mostrar, com um brio tanto convincente quanto transtornante, que "eu sou onde eu não penso" e que "eu não sou onde eu penso". Referindo-as ao esquema L (capítulo 9), percebe-se que, em cada uma dessas duas proposições, um dos dois *eu* [*je*] pode ser substituído pelo termo *moi* (e inversamente).

Essa divisão do sujeito humano havia sido precedentemente representada por Lacan sob um outro aspecto: o de uma oposição entre sujeito do enunciado e sujeito da enunciação – o que ele notadamente formalizou com os dois estágios de seu *grafo do desejo*[6].

Parece-me, afinal, que esses modelos sucessivos propostos por Lacan têm o mérito de representar, cada um à sua maneira, uma forma de dar conta da impossibilidade, para um ser humano, de ter acesso a uma apreensão global de seu saber subjetivo. Nunca é dado a nenhum sujeito ser capaz de *globalizar sua experiência subjetiva* – ser, para ele mesmo, um *self* inteiro. Isso leva o psicanalista a essa consideração fundamental de que o sujeito humano, como agente pulsional, por um lado, e como produto de uma relação significante, por outro, nunca poderia verdadeiramente se experimentar como *um*, contrariamente ao eu, que tende estruturalmente a se imaginar a partir do modelo corporal[7].

[6] Comentado por B. Penot, "L'instance du surmoi dans les *Écrits* de J. Lacan", *Monografia da RFP* (Supereu II).

[7] Essa divisão estrutural do sujeito é manifesta através da pluralidade das *linhagens* genéticas de cada um (paterna, materna...), sobre a qual se sabe que encontra sua concretização na heterogeneidade de cada par cromossômico. Também podemos nos perguntar com ansiedade se um *sujeito* poderia resultar de uma *clonagem* humana.

A apassivação do sujeito psicanalista

Chega o momento de concluir essa obra, provisoriamente ao menos, porque pretendo prosseguir o estudo do processo de subjetivação que opera *dos dois lados* da relação psicanalítica – na medida em que ele constitui o coração dela e o que é mais capaz de especificar sua metodologia e seu rigor.

Do lado do analista, teria que melhor definir em que consiste essencialmente *pensar ou falar como psicanalista* (do tratamento de um paciente, para começar). Com efeito, é hoje uma questão sociopolítica essencial chegar a melhor extrair, através dos diferentes quadros nos quais pode intervir sua prática, em quais termos especificar a atividade do psicanalista por relação, notadamente, a todas as espécies de outras modalidades *psicoterapêuticas* que utilizam ou não o corpo[8].

Primeiro, é preciso reconhecer qual confissão de indigência conceitual pôde constituir o fato de se contentar em definir o tratamento psicanalítico pelo dispositivo operatório do divã e o mínimo formal de quatro sessões por semana!... Sabe-se bem que um autêntico trabalho psicanalítico pode ser conduzido em outros quadros, a começar, certamente, pelo do frente a frente individual, mas também o do psicodrama analítico, e inclusive o do trabalho analítico a vários em equipe institucional.

Minha proposta sobre a subjetivação se encontra diretamente interessada pelo fato de que essas práticas diferentes do *tratamento padrão* têm como característica mais diretamente conferir uma importância significativa ao *agir* do paciente, e não apenas a sua fala. Eu particularmente tenho ferrenhamente insistido no fato de que o *trabalho psicanalítico a vários* – que encontra sua indicação específica nos distúrbios graves da subjetivação, que necessitam da admissão em hospital-dia, por exemplo – se mostra particularmente capaz de verificar a pertinência do modelo "sincrônico" desenvolvido mais acima e faz reconhecer como condição basal do processo de subjetivação a determinante colocação em jogo de uma dinâmica do *sujeito recíproco*.

---

[8] Paul Israël (1999) acaba de desenvolver sobre isso uma proposta que constitui referência.

Se, sem dúvida, é essencial assumir que um trabalho psicanalítico pode se realizar em condições práticas diferentes das do tratamento padrão, parece-me falacioso falar então, nessa medida, de "aplicações" da psicanálise. Esse termo soa falso em sua condescendência; porque constatamos que é antes, hoje em dia, nos limites do "tratamento padrão" que a psicanálise tende a aprender mais, que ela pode ainda acrescer ou mesmo retificar sua teoria e, assim, permanecer viva. A espécie de suficiência veiculada por esse termo tende a minorar e mesmo a ocultar o que tende a constituir de fato, hoje em dia, a vertente mais criativa da pesquisa psicanalítica: os campos de sua atividade pelos quais ela conquista novas aquisições, precisamente aqueles em que ela se encontra às voltas com déficits maiores em matéria de subjetivação. Não é absurdo pensar que, em boa parte, é trabalhando desse lado que a psicanálise poderá, talvez, ser capaz de responder às necessidades do nascente século XXI, com a escalada das patologias "limites" dominadas pelo agir e pelo recuo concomitante do *recalque*.

Dito isto, não se pode deixar, para terminar, de lembrar as referências de base que especificam o encaminhamento do psicanalista – o que Freud (1915b) chama de "conceitos fundamentais"[9] que devem guiar sua ação e permitir diferenciá-la de outras práticas psicoterápicas que se originam na psicologia. Para Freud, tratava-se notadamente da *pulsão*, do *Inconsciente*, do *determinismo de repetição*, da *transferência*... Ora, é preciso constatar hoje que muitos psicanalistas, no entanto presos ao quadro de suas sacrossantas quatro sessões por semana, dão conta de seu trabalho clínico como se não se referissem muito a esses parâmetros que, no entanto, permitem diferenciar o encaminhamento psicanalítico (enquanto *meta*) do exercício de uma espécie de psicologia normativa.

---

[9] Sempre é interessante reler Freud. No início de sua obra decisiva sobre "Pulsions et destins", ele tem o cuidado de declarar que "o progresso do conhecimento não sofre de uma rigidez das definições. Como o exemplo da física ensina de maneira esclarecedora, mesmo os 'conceitos fundamentais' que foram fixados em definições sofrem uma constante mudança de conteúdo" (p. 163).

Bibliografia

BERGERET, J. 1986. "États limites et leurs aménagements", em *Psychologie pathologique*, Paris, Masson.

CAHN, R. 1991. "Le sujet", *Revue française de psychanalyse*, nº 6, Paris, PUF.

CAHN, R. 1991. *Adolescence et folie – Les déliaisons dangereuses*, Paris, PUF, "Le fil rouge".

CHABERT, C. 1999. "Les voies intérieures", *Revue française de psychanalyse*, nº 5, especial. Congresso, 1999, p. 1445.

CHASSEGUET-SMIRGEL, J. 1973. "L'ideal du moi", *Revue française de psychanalyse*, nº 5.

DEBRAY, R. 1999. "Aléas de l'accès à la position passive", *Revue française de psychanalyse*, nº 5, p. 1785.

DENIS, P. 1997. *Emprise et satisfaction*, Paris, PUF, "Le fil rouge".

DIATKINE, G. 2000. Rapport pour le soixantième congrès des psychanalystes de langue française (Montreal), "Le surmoi culturel", *Revue française de psychanalyse*, nº 5.

DIDIER-WEIL, A. 1998. *Invocations*, Paris, Calmann-Lévy.

DONNET, J.-L. 1995. "L'opération méta", em *Le Divan bien tempéré*, Paris, PUF, p. 281.

FAIN, M. 1882. *Le Désir de l'interprète*, Paris, Aubier Montaigne.

FREUD, S. 1908. "Les théories sexuelles infantiles", em *La Vie sexuelle*, Paris, PUF, p. 14; trad. bras.: "Sobre as teorias sexuais das crianças", em Edição standard brasileira das *Obras completas de Sigmund Freud*, vol. IX, Rio de Janeiro, Imago, 1976.

Freud, S. 1910. "Remarques psychanalytiques sur un cas de paranoïa", em *Oeuvres complètes*, Paris, PUF, vol. X, p. 231.

Freud, S. 1911. "Formulations sur les deux principes de l'advenir psychique", em *Oeuvres complètes*, Paris, PUF, vol. XI, nota, p. 14.

Freud, S. 1914. "Pour introduire le narcissisme", em *La Vie sexuelle*, Paris, PUF, p. 98; trad. bras. "Sobre o narcisismo: uma introdução", em Edição standard brasileira das *Obras completas de Sigmund Freud*, vol. XIV, Rio de Janeiro, Imago, 1974.

Freud, S. 1915a. "Observations sur l'amour de transfert", em *La Technique psychanalytique*, Paris, PUF, p. 116; trad. bras. "Observações sobre o amor transferencial", em Edição standard brasileira das *Obras completas de Sigmund Freud*, vol. XII, Rio de Janeiro, Imago, 1969.

Freud, S. 1915b. "Pulsions et destins de pulsions", em *Oeuvres complètes*, Paris, PUF, vol. XIII, nota, p. 14; trad. bras. "Os instintos e suas vicissitudes", em Edição standard brasileira das *Obras completas de Sigmund Freud*, vol. XIV, Rio de Janeiro, Imago, 1974.

Freud, S. 1918. "À partir de l'histoire d'une névrose infantile", em *Oeuvres complètes*, Paris, PUF, vol. XIII, p. 173.

Freud, S. 1919. "Un enfant est battu", em *Névrose, psychose et perversion*, Paris, PUF, pp. 219-243, trad. bras. "Uma criança é espancada", em Edição standard brasileira das *Obras completas de Sigmund Freud*, vol. XVII, Rio de Janeiro, Imago, 1976.

Freud, S. 1920a. "Au-delà du principe de plaisir", em *Oeuvres complètes*, Paris, PUF, vol. XV, p. 277; trad. bras. "Além do princípio de prazer", em Edição standard brasileira das *Obras completas de Sigmund Freud*, vol. XVIII, Rio de Janeiro, Imago, 1969.

Freud, S. 1920b. "De la psychogenèse d'un cas d'homosexualité féminine", em *Oeuvres complètes*, Paris, PUF, vol. XV, p. 233.

Freud, S. 1921. "Psychologie des masses et analyse du moi", em *Oeuvres complètes*, Paris, PUF, vol. XVI, p. 43; trad. bras. "Psicologia de grupo e a análise do ego", em Edição standard brasileira das *Obras completas de Sigmund Freud*, vol. XVIII, Rio de Janeiro, Imago, 1969.

Freud, S. 1923. "Névrose et psychose", em *Oeuvres complètes*, Paris, PUF, vol. XVII, p. 5.

Freud, S. 1924. "Le problème économique du masochisme", em *Oeuvres complètes*, Paris, PUF, vol. XVII, p. 9.

FREUD, S. 1925a. "La négations", em *Oeuvres complètes*, Paris, PUF, vol. XVII, p. 165.

FREUD, S. 1925b. "Quelques conséquences psychiques de la différence anatomique des sexes", em *Oeuvres complètes*, Paris, PUF, vol. XVII, p. 189; trad. bras. "Algumas conseqüências psíquicas da distinção anatômica entre os sexos", em Edição standard brasileira das *Obras completas de Sigmund Freud*, vol. XIX, Rio de Janeiro, Imago, 1969.

FREUD, S. 1937a. "Analyse avec fin et analyse sans fin", em *Résultats, idées, problèmes II*, Paris, PUF, p. 266.

FREUD, S. 1937b. "Constructions dans l'analyse", em *Résultats, idées, problèmes II*, Paris, PUF, p. 280.

GIBEAULT, A. 1989. "Destins de la symbolisation", RFP, 1989, nº 6.

GREEN, A. 1980. "Passions et destins des passions", *Nouvelle Revue de psychanalyse*, nº 21, republicado em *La Folie privée*, Gallimard, p. 186.

GREEN, A. 1989. Prefácio a *La Psychanalyse du lien*, de Bernard Brusset, Paris, Le Centurion.

GREEN, A. 1990. *La Folie privée*, Paris, Gallimard.

GREEN, A. 1995. "La sexualité a-t-elle un quelconque rapport avec la psychanalyse?", RFP, 1996, nº 3, p. 832, traduzido do *Int. Journ. of Psychoanl.*, vol. 76-5.

GREEN, A. 1997. *Les Chaînes d'Éros*, Paris, Odile Jacob.

GUTTON, PH. 1991. *Le Pubertaire*, Paris, PUF.

ISRAËL, P. 1999. "L'indentité brouillée du psychanalyste", *Revue française de psychanalyse*, nº 4, p. 1265.

JACQUEY, X. 1975. "Subjectal, transitionnel, objectal. Strutucture des espaces imaginaires et construction de l'espace analytique", em *Confrontations critiques do IVe groupe*, janeiro de 1976.

KERNBERG, O. 1997. *Les Troubles limites de la personnalité*, Paris, Dunod.

LACAN, J. 1954-1955. Séminaire II, *Le Moi*, Paris, Le Seuil, p. 284.

LACAN, J. 1959-1960. Séminaire VII, *L'Éthique de la psychanalyse*, Paris, Le Seuil, pp. 126-137; trad. bras. *A ética da psicanálise*, Rio de Janeiro, Jorge Zahar, 1991.

LACAN, J. 1964. "La signification du phallus, em *Écrits*, Paris, Le Seuil, p. 685.

LACAN, J. 1964. "Subversion du sujet et dialectique du désir", em *Écrits*, Paris, Le Seuil, p. 799, etc.

LACAN, J. 1964. Séminaire XI, *Les Quatre Concepts fondamentaux*, Paris, Le Seuil, p. 159.

LACAN, J. 1966.*Écrits*, Paris, Le Seuil, p. 80; trad. bras. *Escritos*, Rio de Janeiro, Jorge Zahar, 1998.

LACAN, J. 1969-1970. Séminaire XVII, *L'Envers de la psychanalyse*, Paris, Le Seuil.

LAFOND, C. 1999. "À la recherche de la part perdue", *Revue française de psychanalyse*, nº 5, p. 1619.

LAPLANCHE, J. 1998. "La soi-disant pulsion de mort: une pulsion sexuelle", *Adolescence*, nº 30, Paris, Bayard, pp. 205-225.

LAZNIK-PENOT, M.-C. 1993. "Pour une théorie lacanienne des pulsions", *Le Discours psychanalytique*, nº 10, p. 221.

LAZNIK-PENOT, M.-C. 1990. "La mise en place du concept de jouissance chez Lacan", *Revue française de psychanalyse*, nº 1, p. 55.

LE GAUFEY, G. 1991. *L'Incomplétude du symbolique*, EPEL, Paris.

LEIBOWITZ, Y. 1987. *Science et valeurs*, Desclée de Brouwer, coleção "Midrash", Paris, 1997, traduzido do hebreu por Gérard Haddad.

MAUGER, J.; MONETTE, L. 2000. Rapport sur le soixantième congrès des psychanalystes de langue française (Montreal), "Pure culture", *Revue française de psychanalyse*, nº5.

NEYRAUT, M. 1974. *Le Transfert*, Paris, PUF.

PENOT, B. 1988. "Lorsqu'il y a quelque chose de pourri chez le père", *Adolescence*, t. 6, nº 1.

PENOT, B. 1989. "La reconnaissance du manque parental au principe de toute symbolisation", *Revue française de psychanalyse*, nº 6, (La Symbolisation).

PENOT, B. 1989. *Figures du déni. En deçà du négatif*, Paris, Dunod; trad. bras. *Figuras da recusa. Aquém do negativo*, Artes Médicas, Porto Alegre, 1991.

PENOT, B. 1991a. "Le plein et le délié", *Revue française de psychanalyse*, nº 6 (Le sujet).

PENOT, B. 1991b. "La psychose subjectivée", *Adolescence*; e *Monographie de la RFP* (Psychose II).

PENOT, B. 1993. "Le narcissisme originaire à l'épreuve de l'adolescence", *Journal de la psychanalyse de l'enfant*, nº 13, Bayard, p. 271.

PENOT, B. 1995a. "L'instance du surmoi dans les *Écrits* de J. Lacan", *Monographie de la RFP* (Surmoi II).

PENOT, B. 1995b. "Invention du sujet freudien à l'adolescence", *Adolescence*, nº 26.

PENOT, B. 1996. "Le fantôme du désir paternel; effet trans-générationnel et abolition symbolique", *Monographies de la RFP* (Scènes originaires), Paris, PUF, p. 121.

PENOT, B. 1999a. "La figure de l'autre, l'étranger, en psychopathologie clinique", prefácio ao colóquio de março de 1997 no Institut du monde arabe, L'Harmattan, col. "Psychanalyse et civilisations".

PENOT, B. 1999b. "La passion du sujet, entre pulsionnalité et signifiance", *Revue française de psychanalyse*, nº 5 (Enjeux de la passivité), p. 1439.

PERRON-BORELLI, M. 1997. *Dynamique du fantasme*, Paris, PUF, col. "Le fil rouge".

POINCARÉ, H. 1905. *La Valeur de la science*, Paris, Flammarion, 1970.

PORGE, É. 1989. *Se compter trois*, coleção "Littoral", Toulouse, Érès.

RASSIAL, J.-J. 1990. *L'Adolescente et le psychanalyste*, Paris, Rivages.

RASSIAL, J.-J. 1999. *Le Sujet en état limite*, Paris, Denoël.

RENIK, O. 1998. "The analyst's subjectivity and the analyst's objectivity", *Internat. Journ. of Psychoanal.*, vol. 79, nº 3, p. 487.

ROSEMBERG, B. 1991. "Masochisme mortifère et masochisme gardien de la vie", *Monographie de la RFP*, Paris, PUF.

ROUSSILLON, R. 1995. "La métapsychologie des processus", *RFP*, nº 5, especial Congresso.

SCHAEFFER, J. 1997. *Le Réfus du féminin*, Paris, PUF, col. "Épîtres".

SMADJA, C. 1998. "Le fonctionnement opératoire dans la pratique psychosomatique", 58e Congrès des psychanalystes de langue française, *RFP*, nº 5, especial Congresso.

SZWEC, G. 1998. *Les Galériens volontaires*, Paris, PUF.

URTUBEY, L. 1994. "Travail de contre-transfert", *RFP*, nº 5, especial Congresso.

WINNICOTT, D. W. 1975. *Jeu et réalité*, Paris, Gallimard, pp. 102-103.

Índice de conceitos e nomes próprios

Acting, 164, 166, 167
Adoção, adotado, 84, 106
Adolescência, 16, 38, 62, 65, 66, 69, 70, 84, 111, 113, 122, 127, 132, 134, 165
Agente pulsional, 16, 19, 30, 58, 67, 113, 134, 154, 171
Agir (es), 127, 168, 169, 172, 173
Além do princípio de prazer, 18, 19, 113, 129, 130, 132, 144
Alienação, 16, 45, 57, 67, 88, 129, 146
Alucinação, 71, 85
Anna O., 125, 141
Aparição [*revenance*], 71, 82
Apassivação, 14, 18, 19, 21, 25, 26, 28, 29, 33, 37, 44, 47, 50, 51, 54, 101, 111, 122, 129, 131, 132, 142, 146, 150, 154, 160, 168, 169, 170, 172
Aristóteles, 92, 93, 94
Assujeitamento, 13, 26, 31, 37, 67
Ausência, 95, 96, 98, 99, 107, 159, 161, 164, 167, 168
Auto-erotismo, 27, 29, 32, 54
Avesso (da psicanálise), 91, 150
Breakdown, 66
Castração, 98, 99, 100, 105, 108, 159
Cena primitiva, 53
Ciência, 91, 92, 93, 94, 95, 151, 153
Circuito (pulsional), 23, 27, 28, 29, 30, 31, 32, 33
Coisa (a), 52, 119, 120, 121, 128
com Melanie Klein, 119
Construções na análise, 37, 86
Contratransferência, 82, 147
Defesas do eu, 19
Delírio, 70, 71, 78, 82, 123, 126
Descarga (prazer), 19, 27, 63, 104, 111, 113, 114, 115, 130, 133
Descompletude, 54, 55, 67, 70
Desejo, 11, 16, 18, 28, 40, 67, 68, 70, 95, 96, 97, 98, 99, 100, 101, 105, 111, 119, 131, 135, 144, 147, 150, 151, 153, 171
Desligação, 55, 109, 131, 154, 162
Desmentido, 54, 83, 85, 86, 87

Destino pulsional, 37, 109, 112, 113, 170
Dissociação, 129, 132
Domínio, 16, 32, 37, 40, 44, 102, 130, 131, 152
Influência, 145, 150
Dora, 140
Enodamento, 141, 147
Enquadre, 87
Enunciação, 15, 91, 171
Enunciado, 15, 16, 69, 171
Escansão, 21, 155, 158, 159, 161, 169, 170
Especular, 18, 99, 143
Espelho, 33, 103, 119, 155, 156
Esquema L, 18, 142, 144, 171
Esquize, esquizofrênico, esquizofrenia, 83, 84, 85, 88
Estado limite, 133, 134, 135
Estranho, 10, 11, 12, 13, 17, 25, 41, 51, 85
Ética (do psicanalista), 135, 146, 147, 148, 150, 151, 152, 170
Eu, 11, 16, 17, 18, 19, 23, 30, 33, 35, 51, 54, 66, 68, 69, 112, 113, 114, 119, 128, 129, 130, 134, 138, 141, 142, 143, 144, 145, 146, 150, 152, 154, 156, 171
Eu ideal, 68, 113, 117, 118, 127
Ex-sistência, 55, 131
Falo, 21, 96, 97, 98, 99, 100, 101, 102, 107, 108
Falso self, 15, 26, 131
Falta (da mãe), 12, 63, 96, 100
Família, 38, 44, 58, 59, 60, 69, 71, 72, 73, 75, 76, 77, 78, 86, 89, 101, 123, 125, 126, 140
Fantasia, 16, 17, 21, 35, 45, 47, 48, 49, 50, 51, 52, 53, 54, 63, 81, 82, 119, 121, 129, 147, 149, 170
Fobia, 33, 57, 100, 123
Foraclusão, 81, 84, 86, 89
Freud, 9, 10, 12, 14, 16, 17, 18, 19, 23, 24, 25, 26, 27, 28, 29, 30, 32, 33, 47, 48, 49, 50, 51, 52, 53, 66, 68, 70, 71, 81, 82, 84, 85, 86, 88, 90, 91, 94, 95, 96, 97, 98, 100, 101, 102, 107, 108, 111, 112, 113, 114, 115, 116, 118, 119, 120, 125, 128, 129, 132, 135, 137, 140, 141, 143, 144, 147, 148, 149, 152, 154, 159, 160, 162, 170, 173
Função-sujeito, 65
Gozo, 19, 27, 47, 98, 107, 109, 112, 114, 115, 116, 120, 127, 130
Grafo (do desejo), 171
Homem dos Lobos, 52, 53, 85
Homossexual, 100, 101, 102, 111
Ich, 17, 18, 25, 50, 129, 143, 144
Ideal do eu, 68, 103, 113, 115, 116, 117, 118, 127
Idealização, 104, 113, 114, 118, 150
Imaginário, 18, 49, 59, 66, 67, 68, 69, 91, 93, 113, 117, 119, 128, 138, 141, 143, 145, 147, 150, 152, 160
Imago, 66, 127
Impressão (real), 87

Incompatível, 42, 83, 85, 90
Inconsciente, 9, 10, 11, 16, 17, 18, 19, 31, 81, 86, 91, 95, 98, 99, 113, 119, 135, 142, 143, 148, 149, 150, 151, 152, 173
Induzida (repetição), 82, 83
Inquietante estranheza, 12, 72, 88
Inversão, 23, 24
Julgamento (de atribuição), 88, 168
Lacan, 9, 15, 16, 17, 18, 27, 28, 29, 30, 31, 33, 52, 68, 72, 89, 90, 91, 93, 95, 96, 98, 99, 113, 115, 119, 120, 121, 128, 129, 132, 133, 135, 142, 143, 144, 145, 147, 150, 151, 152, 155, 156, 157, 158, 159, 160, 161, 169, 170, 171
Latência, 108, 111, 112
Leibowitz, 92, 153
Liberdade, 29, 43, 145, 146, 149
Libido, 33, 37, 118, 130
Ligação (psíquica), 17, 79, 82, 134
Linhagens (parentais), 13
Masoquismo, 24, 27, 32, 115, 129
Metáfora, 12, 32, 131
Metapsicologia, 10, 20, 23, 112, 129, 162
Mito (familiar), 72
Narcisismo, 18, 32, 54, 66, 70, 72, 114, 131
Necessidade (objeto da), 28, 119
Objeto (*a*), 30, 52, 119, 128, 151
Objeto (libidinal), 18, 99
Objeto (parcial), 108, 119, 150
Objeto-causa, 28, 119, 147, 150, 151, 170
Operatório (pensamento), 16, 127
Outro, 30, 31, 122, 143
Pai, 12, 38, 48, 49, 50, 53, 59, 60, 61, 62, 63, 66, 67, 68, 69, 73, 77, 84, 86, 89, 100, 101, 102, 103, 104, 105, 106, 107, 123, 124, 125, 126, 127, 131, 165, 166
Paranóide, 15, 123
Parental, 121, 126, 130, 131, 146, 147, 154, 155, 161
Passividade, 14, 19, 25, 26, 32, 37, 74, 170
Pequeno Hans, 100
Perlaboração, 13, 163
Perversão, 24, 25, 47, 120, 132
Pré-consciente, 51, 87, 168
Processo primário (de pensamento), 10, 87, 99
Pulsão, pulsional, 12, 14, 15, 16, 17, 19, 20, 21, 23, 24, 25, 26, 27, 28, 29, 30, 31, 32, 33, 35, 37, 47, 50, 51, 52, 53, 54, 58, 63, 65, 66, 70, 89, 96, 97, 109, 112, 113, 114, 115, 117, 118, 119, 120, 121, 122, 127, 128, 129, 130, 131, 132, 135, 137, 138, 140, 141, 142, 144, 145, 146, 148, 150, 152, 154, 160, 161, 162, 169, 173
Quatro discursos, 151
Real psíquico, 35, 87, 89
Realidade psíquica, 52, 68, 71, 144, 146, 147, 160

Recalque, 51, 78, 114, 115, 116, 119, 173
Recusa (de ausência), 15, 35, 63, 72, 79, 82, 83, 87, 88, 98, 100, 104, 107, 108, 146, 147
Rejeição, 11, 38, 42, 75, 78, 84
René Diatkine, 115
Repetição, 35, 58, 79, 81, 82, 87, 88, 149, 152, 158, 161, 166, 170, 173
Representação, 10, 17, 18, 21, 48, 51, 52, 66, 82, 87, 88, 89, 91, 92, 93, 94, 95, 96, 97, 98, 99, 100, 108, 109, 120, 129, 131, 132, 141, 143, 154, 163, 164, 167, 168
Restituição, 82
Retorno (para o corpo próprio), 12, 23, 24, 25, 50
Sadismo, 24, 27, 32, 51
Self, 20, 145, 171
Significante, 19, 20, 21, 30, 31, 58, 63, 81, 88, 89, 90, 91, 96, 98, 99, 100, 107, 109, 128, 140, 141, 145, 146, 154, 155, 160, 161, 162, 164, 170, 171
Simbólico, 18, 30, 117, 128, 143, 147, 154, 160, 161, 168
Síntese clínica, 83, 85
Sintoma, 98, 115, 116, 133, 151, 168
Só-depois, 21, 44, 54, 87, 112, 140, 144, 159
Sofrer, 14, 168
Sonho, 10, 52, 97, 98, 106, 109, 118, 137, 138, 139, 162, 164
Subjetivação, 13, 14, 16, 21, 24, 26, 27, 30, 31, 32, 33, 35, 45, 47, 50, 51, 52, 53, 58, 79, 83, 84, 87, 88, 89, 95, 96, 97, 109, 111, 114, 115, 122, 129, 130, 131, 133, 135, 142, 144, 146, 148, 154, 155, 156, 159, 160, 161, 162, 163, 164, 167, 169, 170, 172, 173
Sublimação, 21, 52, 70, 109, 111, 112, 113, 114, 115, 119, 128
Sujeito, 9, 11, 12, 13, 14, 15, 16, 17, 18, 19, 20, 21, 23, 24, 25, 26, 29, 30, 31, 45, 47, 48, 49, 51, 52, 53, 54, 55, 57, 58, 62, 63, 65, 67, 68, 69, 70, 71, 78, 81, 84, 85, 87, 88, 89, 91, 96, 98, 100, 101, 112, 113, 114, 115, 118, 119, 120, 121, 128, 129, 131, 132, 134, 135, 137, 141, 142, 143, 144, 145, 146, 147, 148, 149, 150, 151, 152, 154, 155, 156, 159, 160, 161, 162, 164, 168, 170, 171, 172
Supereu, 18, 34, 115, 116, 117, 118
Surrealista, 16, 120, 151
Telepatia, 84
Tempo lógico, 156, 159, 160
Tópico, Tópica, 9, 18, 50, 142, 143, 144, 168
Topologia, 156
Transferência, 29, 39, 58, 81, 83, 87, 88, 105, 131, 134, 141, 147,

148, 150, 151, 160, 168, 170, 173
Transicional, 58, 78
Traumático, 71, 78, 79, 81, 82, 89, 97, 135, 168
Winnicott, 34, 35, 66, 82, 87, 127, 130, 155, 156, 167

Companhia de Freud
editora

OBRAS PUBLICADAS

Psicanálise e Tempo
Erik Porge

Psicanálise e Análise do Discurso
Nina Leite

Letra a Letra
Jean Allouch

Mal-Estar na Procriação
Marie-Magdeleine Chatel

Marguerite ou "A Aimée" de Lacan
Jean Allouch

Revista Internacional nº 1
A Clínica Lacaniana
A Criança na Clínica Psicanalítica
Angela Vorcaro

A Feminilidade Velada
Philippe Julien

O Discurso Melancólico
Marie-Claude Lambotte

A Etificação da Psicanálise
Jean Allouch

Roubo de Idéias?
Erik Porge

Os Nomes do Pai em Jacques Lacan
Erik Porge

Revista Internacional nº 2
A Histeria

Anorexia Mental, Ascese, Mística
Éric Bidaud

Hitler – A Tirania e a Psicanálise
Jean-Gérard Bursztein

Littoral
A Criança e o Psicanalista

O Amor ao Avesso
Gérard Pommier

Paixões do Ser
Sandra Dias

A Ficção do Si Mesmo
Ana Maria Medeiros da Costa

As Construções do Universal
Monique David-Ménard

Littoral
Luto de Criança

Trata-se uma Criança – Tomos I e II
Congresso Internacional de Psicanálise e suas Conexões – Vários

O Adolescente e o Psicanalista
Jean-Jacques Rassial

— Alô, Lacan?
— É claro que não.
Jean Allouch

A Crise de Adolescência
Octave Mannoni e outros

O Adolescente na Psicanálise
Raymond Cahn

A Morte e o Imaginário na Adolescência
Silvia Tubert

Invocações
Alain Didier-Weill

Um Percurso em Psicanálise com Lacan
Taciana de Melo Mafra

A Fantasia da Eleição Divina
Sergio Becker

Lacan e o Espelho Sofiânico de Boehme
Dany-Robert Dufour

O Adolescente e a Modernidade – Tomos I, II e III
Congresso Internacional de Psicanálise e suas Conexões – Vários

A Hora do Chá na Casa dos Pendlebury
Alain Didier-Weill

W. R. Bion – Novas Leituras
Arnaldo Chuster

Crianças na Psicanálise
Angela Vorcaro

O Sorriso da Gioconda
Catherine Mathelin

As Psicoses
Philippe Julien

O Olhar e a Voz
Paul-Laurent Assoun

Um Jeito de Poeta
Luís Mauro Caetano da Rosa

Estética da Melancolia
Marie-Claude Lambotte

O Desejo do Psicanalista
Diana S. Rabinovich

Os Mistérios da Trindade
Dany-Robert Dufour

A Equação do Sonhos
Gisèle Chaboudez

Abandonarás teu Pai e tua Mãe
Philippe Julien

A Estrutura na Obra Lacaniana
Taciana de Melo Mafra

Elissa Rhaís
Paul Tabet

Ciúmes
Denise Lachaud

Trilhamentos do Feminino
Jerzuí Tomaz

Gostar de Mulheres
Autores diversos

Os Errantes da Carne
Jean-Pierre Winter

As Intervenções do Analista
Isidoro Vegh

Adolescência e Psicose
Edson Saggese

O Sujeito em Estado Limite
Jean-Jacques Rassial

O que Acontece no Ato Analítico?
Roberto Harari

A Clínica da Identificação
Clara Cruglak

A Escritura Psicótica
Marcelo Muniz Freire

Os Discursos e a Cura
Isidoro Vegh

Procuro o Homem da Minha Vida
Daniela Di Segni

A Criança Adotiva
Nazir Hamad

Littoral
O Pai

O Transexualismo
Henry Frignet

Psicose, Perversão, Neurose
Philippe Julien

Como se Chama James Joyce?
Roberto Harari

A Psicanálise: dos Princípios
Ético-estéticos à Clinica
W.R. Bion – Novas Leituras
Arnaldo Chuster

O Significante, a Letra e o Objeto
Charles Melman

O Complexo de Jocasta
Marie-Christine Laznik

O Homem sem Gravidade
Charles Melman

O Desejo da Escrita em Ítalo Calvino
Rita de Cássia Maia e Silva Costa

O Dia em que Lacan me Adotou
Gérard Haddad

Mulheres de 50
Daniela Di Segni e Hilda V. Levy

A Transferência
Taciana de Melo Mafra

Clínica da Pulsão
Diana S. Rabinovich

Os Discursos na Psicanálise
Aurélio Souza

Littoral
O conhecimento paranóico

Revista Dizer – 14
A medicalização da dor

Neurose Obsessiva
Charles Melman

A Erótica do Luto
Jean Allouch

Um Mundo sem Limite
Jean-Pierre Lebrun

Comer o Livro
Gérard Haddad

Do Pai à Letra
Hector Yankelevich

A Experiência da Análise
Norberto Ferreyra

A Fadiga Crônica
Pura H. Cancina

O Desejo Contrariado
Robert Lévy

Psicanálise de Crianças Separadas
Jenny Aubry

Lógica das Paixões
Roland Gori

Um Narrador Incerto, Entre o
Estranho e o Familiar
Lucia Serrano Pereira

Gide-Genet-Mishima
Catherine Millot

Dependência Química na Adolescência
Hélcio Fernandes Mattos

O Sexo Conduz o Mundo
Colette Chiland

Um Homem de Palavra
Nazir Hamad

A Arte de Reduzir as Cabeças
Dany-Robert Dufour

Poetas, crianças e criminalidade... sobre Jean Genet
Alba Flesler / Claudio Martyniuk /
Fernando Sabsay / Isidoro Vegh

O Próximo
Isidoro Vegh

Clínica Lacaniana: As Homossexualidades,
Revista Internacional n 2

A SEREM EDITADOS:

Os Nomes Indistintos
Jean-Claude Milner

O Caminhante Analítico
Victor Smirnof

Figuras do Real
Ginette Michaud

Do Amor do Outro ao Amor de Si
Patrick Delaroche

A Topologia de Lacan
Jean-Paul Gilson

O Conhecimento Paranóico
Revista Litoral

Letra e Pulsão de Morte
Andre Green

Enigma do Incesto
Laure Rozen

O Inferno do Dever
Denise Lachaud

A Quarta Mulher
Paul Tabet

Lacaniana
Moutapha Safouan

Dez Conferências de Psicanálise
Moustapha Safouan

Estados de Abandono
Jacques André

Transferência e Estados Limites
Jacques André

Da Paixão
Jacques André

A Anatomia da Terceira Pessoa
Guy Le Gaufey

A Criança no Espelho (Freud Wallon Lacan)
Émile Jalley

A Sombra do Teu Cão:
discurso analítico – discurso lésbico
Jean Allouch

O Livro das Separações
Emílio Rodrigué

A Violência na Adolescência
Pierre Kamerer

Para uma Clínica do Real
Isidoro Vegh

A Significação do Falo
Diana Rabinovich

A Angústia e o Desejo do Outro
Diana Rabinovich

O Fracasso do Fantasma
Silvia Amigo

A Topologia de Jacques Lacan
Jean-Paul Gilson

As Figuras do Real
Patrick Delaroche

A Ambivalência Materna
Michele Benhaïm

Oriente Médio: povos autoritários,
sociedades bloqueadas
Philippe Droz-Vincent

Dicionário da Sexualidade Humana
Philippe Brenot

Dicionário da Justiça
Löic Cadiet

O Jornalista e seu poder
Gérard Spitéri

Michel Foucault: a inquietude da história
Mathieu Potte-Bonneville

Lacaniana: os seminários de Jacques Lacan – 1964-1979
Moustapha Safouan

A Escola do Sujeito
Claude Dumézil

O Sexo do Mestre
Jean Allouch

Psicoterapia-Psicanálise-Didática 1 – debates
Analyse Freudienne Presse

Psicoterapia-Psicanálise-Didática 2 – escritos
Analyse Freudienne Presse

IMPRESSÃO

GRÁFICA MARQUES SARAIVA
Rua Santos Rodrigues, 240 - Estácio / RJ
Telefax: (21) 2502-9498